# DE L'ACTION PAULIENNE

## EN DROIT ROMAIN

# DES EFFETS

## DU JUGEMENT D'ADJUDICATION

### APRÈS SURENCHÈRE SUR ALIÉNATION VOLONTAIRE

## EN DROIT FRANÇAIS

# THÈSE POUR LE DOCTORAT

PAR

## JULES DUPREY

AVOCAT A LA COUR D'APPEL

*L'acte public sur les matières ci-après sera soutenu
le jeudi 2 juin 1881, à midi.*

PRÉSIDENT : M. BUFNOIR.

SUFFRAGANTS :
| MM. LABBÉ, GLASSON, | Professeurs. |
| ALGLAVE, RIPERT, | Agrégés. |

# PARIS

## TYPOGRAPHIE N. BLANPAIN

1881

A LA MÉMOIRE DE MON PÈRE


A MA MÈRE


A MON GRAND-PÈRE


ET A MA GRAND'MÈRE

# DROIT ROMAIN

## DE L'ACTION PAULIENNE

(Dig. 40, 8 ; Code 7, 75.)

L'ancien droit civil romain n'avait pris aucune mesure pour protéger les créanciers contre la fraude de leur débiteur : le préteur combla cette lacune, en imaginant successivement divers moyens de recours au profit des créanciers fraudés : l'action du § 6, liv. IV, tit. 6, Inst.; l'interdit fraudatoire, les actions Calvisienne et Favienne, et enfin l'action Paulienne. Le droit civil compléta ce système de protection inauguré par le préteur en accordant aux créanciers un recours contre les affranchissements frauduleux faits par leur débiteur.

Avant de parler de l'action Paulienne, qui fera l'objet spécial de notre étude, nous dirons quelques mots des autres moyens de protection accordés aux créanciers, en nous expliquant sur leur succession chronologique.

En ouvrant les Institutes au liv. IV, tit. 6, § 6, on y trouve cette phrase : « Item, si quis in fraudem creditorum rem suam alicui tradiderit : bonis ejus a creditoribus ex sententia præsidis possessis, permittitur ipsis creditoribus, rescissa traditione, eam rem petere, id est dicere, eam rem traditam non esse, et ob id in bonis debitoris mansisse. »

Ainsi donc le texte suppose qu'un débiteur a consenti une aliénation en fraude de ses créanciers, et il permet à ces créanciers de ressaisir la chose ainsi aliénée, en faisant rescinder la tradition.

Par quelle action les créanciers pourront-ils *eam rem petere?*

Cette question peut se subdiviser en plusieurs autres.

I. Cette action est-elle une action réelle?

II. Cette action réelle est-elle l'action Paulienne?

III. Quelle sera cette action, si ce n'est pas l'action Paulienne?

IV. Quelle est la date respective de l'action des Institutes et de l'action Paulienne dont parlent le Digeste et le Code?

I. La solution de la première question ne nous paraît pas douteuse; et bien que Vinnius, partant du principe que notre action est l'action Paulienne, ait soutenu qu'elle était personnelle, afin d'éviter une antinomie entre les Institutes et le Digeste, nous considérons comme certain que c'est bien d'une action réelle que notre texte a voulu parler. Pour soutenir son système, Vinnius est obligé de dire que ce n'est que par erreur que les rédacteurs des Institutes ont attribué à l'action dont il s'agit le caractère d'action réelle. Mais la netteté du texte, et la grossièreté même de l'erreur qu'on leur impute doivent protéger les rédacteurs des Institutes contre le reproche de Vinnius. Comment croire à la possibilité d'une erreur dans la classification d'une action, dont le but est, *rescissa traditione eam rem petere*, et qui est mentionnée au milieu des textes énumérant les actions réelles prétoriennes? Au surplus, la comparaison de la rédaction des Institutes avec les autres formules de revendication fictice que nous a laissées Gaius (C. IV, §§ 34 et seq.) et qui sont construites de la même manière, ne peut nous laisser aucun doute sur le caractère réel appartenant à l'action de ce § 6, liv. 4, Inst. — S'il est, en effet, une action réelle bien caractérisée, c'est assurément celle qu'on intente sur une question de propriété, en soutenant, comme le font les créanciers, que la chose dont l'aliénation est considérée comme non avenue, n'a pas changé de propriétaire.

II. Notre seconde question est loin de présenter une solution aussi facile.

Dans une première opinion, on admet, comme nous, que l'action du § 6 est une action réelle.

mais on ajoute que cette action réelle est l'action
Paulienne ; et c'est là une opinion si communé-
ment reçue, que la plupart des auteurs l'affirment
sans la discuter. On est alors forcé, dans cette opinion, d'accepter une antinomie entre les Institutes
et le Digeste, à moins de soutenir, avec Vinnius,
que l'action des Institutes est personnelle comme
celle du Digeste, ou avec Cujas, qui se jette dans
une autre extrémité, que l'action du Digeste est
réelle comme celle des Institutes.

Les partisans de la seconde opinion admettent,
comme ceux de la première, qu'il s'agit au § 6
d'une action réelle, mais ils soutiennent que cette
action réelle n'est pas la Paulienne, mais bien
l'action hypothécaire garantissant le *pignus præ-
torium* que les créanciers ont acquis par la *missio
in possessionem rei servandæ causa*, sur les biens
de leur débiteur. C'est, en effet, cette hypothèse,
dit Doneau (*Comm. ad Pand.*, 42, 8), que prévoit
le § 6 au liv. 4 Institutes : il suppose l'envoi en
possession, *bonis ex sententia præsidis possessis*,
une aliénation frauduleuse postérieure à cet envoi, et accorde alors aux créanciers une action
réelle qui n'est autre que l'action quasi Servienne
dont va parler le paragraphe suivant du même titre 6, liv. 4, Inst.

On a répondu à Doneau que le texte des Institutes distingue nettement l'action du § 6 de l'action Servienne ou quasi Servienne ; que si son système était vrai, il y aurait une troisième action

hypothécaire dissimulée dans le § 6, avant le § 7 qui traite des deux actions hypothécaires connues ; que l'action du § 6 est fictice tandis que l'action hypothécaire est *in factum*, et enfin que, s'il s'agissait d'une action hypothécaire, l'exercice en serait toujours possible en cas d'aliénation même non frauduleuse, tandis que l'exercice de l'action du § 6 est subordonné à la condition d'une aliénation frauduleuse.

III. L'action dont il est question aux Institutes n'est donc pas l'action hypothécaire, mais nous croyons, avec Doneau, que ce n'est pas davantage la Paulienne.

Le texte ne donne pas à cette action la qualification de Paulienne, et une comparaison du § 6 avec le paragraphe qui le précède nous fera voir qu'il ne s'agit pas de la Paulienne au § 6.

Voici le texte de ces deux paragraphes :

§ 5. Rursus ex diverso, si quis, cum reipublicæ causâ abesset vel in hostium potestate esset, rem ejus qui in civitate esset usuceperit, permittitur domino, si possessor reipublicæ causâ abesse desierit, tunc intra annum, rescissâ usucapione eam petere, id est ita petere ut dicat possessorem usu non cepisse, et ob id suam rem esse.

§ 6. Item, si quis, in fraudem creditorum rem suam alicui tradiderit : bonis ejus a creditoribus ex sententiâ præsidis possessis, permittitur ipsis creditoribus, rescissâ traditione, eam rem petere, id est dicere eam rem traditam non esse, et ob id in bonis debitoris mansisse.

Il y a, comme il est facile de le voir, un parallélisme complet entre les termes de ces deux paragraphes ; et il est très vraisemblable que ces expressions identiques désignent deux actions de même nature, qu'une aussi exacte similitude n'est pas seulement dans les mots, mais encore dans les choses et que la nature de l'action du § 6 est précisément celle du § 5.

Quelle est donc la nature de l'action du § 5 Inst. ?

Cette question ne souffre plus de discussion aujourd'hui, et on convient avec MM. de Savigny (*Traité de droit romain*, VII, p. 193 et sq.) et Pellat (*Propriété et usufruit*, p. 575 et sq.), qu'il s'agit d'une action opérant *rescissa usucapione*, et qu'on désigne sous le nom d'action rescisoire, qui se rencontre dans un fragment d'Ulpien (l. 28, §§ 5 et 6, Dig., IV, 6).

Or, cette action n'a pas, à proprement parler, d'individualité distincte : le propriétaire, dont la chose a été usucapée, et qui peut obtenir du préteur la rescision de cette usucapion pour cause d'absence, a deux actions à sa disposition pour se faire restituer sa chose, soit la *rei vindicatio*, soit la Publicienne : ces deux actions lui sont données au moyen de la rescision de l'usucapion qui faisait obstacle à leur exercice, et il pourra, selon les cas, exercer une *rei vindicatio rescisoria* ou une Publicienne *rescisoria*, que le préteur lui accordera, *cognitâ causâ* (Ortolan, *Droit romain*, t. 3, p. 609), car il s'agit ici d'une véritable *restitutio in integrum*. Le demandeur ne peut, en effet, intenter l'action en revendication et soutenir *rem suam esse* qu'autant que la *restitutio in integrum* a rescindé une usucapion qui a fait passer à un autre la propriété de la chose, et rendu possible une action qui, sans cela, ne serait pas recevable.

S'il en est ainsi dans le § 5, pourquoi en serait-il autrement dans le § 6?

Une aliénation frauduleuse a été consentie par un débiteur. Les créanciers obtiennent l'envoi en possession, et font procéder à la vente des biens. Le prix étant insuffisant pour les désintéresser, les créanciers se plaignent de l'aliénation, et, démontrant l'insolvabilité de leur débiteur et la connaissance qu'il avait de cette insolvabilité, ils demandent au préteur la *restitutio in integrum*. Le préteur rescinde l'aliénation au moyen d'une *restitutio in integrum cognitâ causâ;* il tient l'aliénation pour non avenue, et le curateur exercera au nom de la masse des créanciers une action en revendication ou l'action Publicienne contre le détenteur.

Il ne s'agit donc ici que d'une *restitutio in integrum;* de même que, dans le paragraphe précédent, le préteur rescindait l'usucapion, de même ici il rescinde la tradition, pour permettre, dans les deux cas, par le même procédé de rescision, l'exercice des actions qui auraient pu être intentées, s'il n'y avait pas eu usucapion, dans le premier cas, tradition, dans le second.

La *restitutio in integrum* consistait, en effet, dans le rétablissement d'un état antérieur du droit, motivé par une opposition entre le droit rigoureux et l'équité et opéré par la puissance du préteur qui décide, en connaissance de cause, qu'on tiendra pour non avenus des actes qui ont eu lieu, et pour inexistants les effets qu'ils ont produits. Mais le préteur n'accordait ce secours extraordinaire qu'à défaut d'action ou autre moyen efficace de droit commun; c'était bien le cas de notre § 6, car aucune disposition du droit civil ne frappait de nullité les aliénations dont il s'agit. Bien qu'elles fussent faites *in fraudem creditorum*, elles restaient valables, selon la rigueur du droit ; et le préteur devait intervenir, selon son habitude, pour corriger et compléter le droit civil et faire rescinder ces aliénations au moyen de la *restitutio in integrum*.

Mais ce procédé n'était pas sans graves inconvénients. Le préteur était ainsi investi d'un pouvoir sans limites et sans contrôle pour accorder ou refuser la *restitutio in integrum*. Tout d'abord le magistrat, saisi de l'affaire, en examinait lui-même les circonstances ; et, si cet examen était favorable, il autorisait le demandeur à ne plus tenir compte de l'obstacle qui s'opposait à son action; mais alors le préteur statuait arbitrairement et discrétionnairement à propos de chaque affaire qui lui était soumise. Le préteur chercha donc à faire entrer dans le corps même du droit et à ranger au nombre des actions ordinaires, cette institution qu'il avait créée pour corriger le droit civil. Qu'au lieu d'intervenir, à l'extraordinaire, dans chaque litige, et de faire disparaître, au moyen d'un décret spécial, l'acte attaqué, le préteur rédigeât une formule générale, dont tout citoyen pût réclamer la délivrance au magistrat ordinaire pour la présenter à un *judex*, le caractère arbitraire de la procédure disparaissait ; le remède prétorien ne présentait plus rien d'anormal ; la sécurité des tiers était complète, puisque le juge n'appliquait plus que les règles fixes et connues d'avance de la jurisprudence. Ce résultat fut atteint, dans notre espèce, par l'introduction de l'action Paulienne qui remplaça la *restitutio ob fraudem*, de même que, par une évolution analogue, les actions *de dolo et quod metus causa* remplacèrent, à notre avis, les *restitutiones propter metum* et *propter dolum*.

Ces considérations nous amènent à nier la coexistence de deux actions Pauliennes en droit romain. L'existence d'une action Paulienne *in rem* n'est indiquée par aucun texte formel dans tout le *Corpus juris* de Justinien, et le § 6, liv. 4, 6, Inst., s'explique beaucoup mieux par l'idée d'une *restitutio in integrum* que par celle d'une action *in rem*. Si cette action réelle existait, quel en serait le fondement ? Ce ne pourrait être que le dol du débiteur ; or, le dol ne peut jamais donner lieu qu'à une action personnelle.

Suffira-t-il, après cela, que Théophile déclare, dans sa paraphrase des Institutes, que l'action du § 6 est l'action Paulienne, pour qu'on soit obligé d'admettre l'existence d'une action Paulienne réelle? Nous ne le pensons pas. L'*in integrum restitutio ob fraudem* disparut peu à peu de la pratique; elle ne fut mentionnée aux Instituts que par suite de l'habitude des Romains de conserver exactement le souvenir des institutions anciennes, origine des institutions nouvelles. Il est à croire, par suite, que Théophile, se préoccupant moins du point de vue historique que les rédacteurs des Instituts, a donné à l'action du § 6 le nom d'action Paulienne qui appartenait, dans le langage courant du temps où il écrivait, aux divers moyens de recours d'origine prétorienne accordés aux créanciers contre les actes frauduleux de leurs débiteurs.

IV. Notre opinion sur la nature de l'action du § 6, nous facilite la solution d'une question qui embarrasse singulièrement ceux qui admettent l'existence de deux actions Pauliennes; et qui est celle de savoir laquelle de ces deux actions aurait été créée la première ?

Ceux qui admettent que la Paulienne réelle a précédé l'autre ne peuvent expliquer comment la plus ancienne de ces actions n'a pas laissé de traces au Digeste, et comment il se fait, si l'action réelle a été remplacée par la personnelle, que les Instituts ne parlent que d'une action qui n'existe plus.

Ceux qui prétendent que l'action personnelle

est venue d'abord et que l'action réelle est une création de Justinien ou tout au moins du droit impérial, ne sauraient expliquer, de leur côté, pourquoi le § 6 ne mentionne pas ce fait considérable; pourquoi Justinien aurait refusé l'honneur de cette innovation; pourquoi surtout on ne retrouve pas au Code le texte de la constitution qui aurait introduit une aussi importante modification dans la nature de l'action.

Notre théorie supprime naturellement ces difficultés, puisque nous avons présenté l'action du § 6 comme une application de l'*in integrum restitutio;* et l'*in integrum restitutio* comme un premier moyen de secours accordé aux créanciers, dont l'action Paulienne n'a été que le développement et le perfectionnement, en venant clore, en cette matière, la série des innovations du préteur.

Nous avons dit précédemment que la *restitutio in integrum* avait disparu de la pratique. Est-ce à dire qu'elle ait été sans objet du jour où fut créée l'action Paulienne? Pour répondre à cette question en connaissance de cause, il est bon de comparer sommairement les effets de l'*in integrum restitutio* avec ceux de l'action Paulienne.

L'action Paulienne a d'abord un cercle d'application plus large que l'action du § 6 que le demandeur intentera après la *restitutio in integrum.*

En prenant la voie de la *restitutio,* les créanciers seront payés, par préférence aux créanciers de l'acquéreur, sur le prix de la chose frauduleusement aliénée, tandis que l'action Paulienne leur fera subir le concours de ces créanciers.

Si l'on admet qu'à l'époque classique, l'*arbitrium judicis* était exécutoire *manu militari*, cette exécution forcée n'était possible qu'à propos de l'action réelle intentée après la *restitutio in integrum;* car, alors seulement, l'aliénation étant rescindée, le demandeur peut dire à l'acquéreur : « Cette chose est à moi, et je la prends, même *manu militari*. Tandis que l'action Paulienne, ayant pour but d'obtenir d'un défendeur qui demeure, malgré l'action, plein et entier propriétaire, une retranslation de propriété, c'est-à-dire l'accomplissement d'un fait juridique dépendant complètement de sa volonté, ne peut aboutir à l'exécution *manu militari* de l'*arbitrium* ordonnant de retransférer la propriété. Le créancier n'aura dans ce cas d'autre ressource que le *Jusjurandum in litem ob contumaciam rei*.

L'action en revendication, après restitution, ne se donne que contre celui qui possède ou a cessé de posséder par dol; tandis que l'action Paulienne se donne même contre l'acquéreur qui a cessé de posséder sans dol (Cpr., 1. 4, 9, 27, *de reiv.*, et 14, 42, 8).

Ce fut, sous les empereurs Théodose, Arcadius et Valentinien, une faculté et, sous Justinien, une nécessité, d'intenter les actions réelles devant le tribunal de la situation de l'objet litigieux (1. 3, C., liv. 3, tit. 19). L'action personnelle, au contraire, est soumise à la règle: *Actor sequitur forum rei.*

Faut-il à toutes ces différences en ajouter une dernière et dire que la Paulienne ne se donne que contre un acquéreur de mauvaise foi ou un donataire, tandis que la *restitutio* permet d'intenter une action réelle contre tout possesseur? Ce serait là une différence considérable, mais il est difficile de l'admettre; car la *restitutio in integrum* ne s'accordait que *cognitâ causâ*, et le préteur n'aurait sans doute pas rescindé l'aliénation si cette rescision eût blessé l'équité. (Cpr., l. 3, *De in integ. rest.*, IV, I.)

Il résulte de cette comparaison que les créanciers pouvaient avoir plus d'intérêt à prendre la voie de l'*in integrum restitutio* que celle de l'action Paulienne lorsqu'ils voulaient se ménager l'exécution *manu militari* ou lorsqu'ils redoutaient l'insolvabilité du tiers acquéreur et le concours de ses créanciers. On peut en conclure que l'action Paulienne n'a pas dû supplanter immédiatement, dès le jour de sa création, la *restitutio in integrum ob fraudem*, comme une institution désormais dépourvue d'intérêt. Mais il ne faut pas, d'autre part, exagérer les avantages de la *restitutio in integrum*; car, si elle permettait l'exécution *manu militari*, l'action Paulienne aboutissait à une condamnation pécuniaire fixée d'après le *jusjurandum in litem*, ce qui donnait au demandeur une satisfaction équivalant le plus souvent à celle

qu'il eût obtenue par l'exécution forcée de l'*arbitrium.*

Le second avantage de la *restitutio in integrum,*
c'est-à-dire la préférence accordée au demandeur
sur les créanciers du tiers acquéreur, était très rigoureux pour ces derniers; c'est ce qui explique
que le préteur était porté plus volontiers à accorder l'action Paulienne que la *restitutio,* et que
la pratique de cette dernière institution disparut
peu à peu pour faire place à l'action Paulienne.

### INTERDIT FRAUDATOIRE

La loi 10, pr., Dig., 42, 8, nous a transmis la
formule d'un interdit fraudatoire, dont l'origine
et le rôle donnent lieu à des difficultés.

Notre avis est que cet interdit a suivi la *restitutio in integrum* et précédé l'action Paulienne.

Il a suivi la *restitutio,* car son texte est général
et ne paraît pas se restreindre aux aliénations :
*Quæ Lucius Titius fraudandi causa fecit.* On
peut, en effet, conclure de là, qu'il est postérieur
au moyen de recours du § 6, Inst.; autrement il
y aurait eu, dans le développement des moyens
de protection, mis en vigueur par le préteur, un
mouvement rétrograde, puisque la sphère d'application de l'interdit est plus large que celle de
l'action du § 6.

L'interdit a précédé l'action Paulienne. Mais
comment expliquer que l'interdit n'ait pas suffi
à protéger les créanciers ? On a essayé de justifier

la nécessité de l'action Paulienne après l'interdit, en disant que chacun de ces moyens de recours accordés aux créanciers avait un but différent. L'interdit aurait concerné la possession, l'action, la propriété. Pour triompher dans l'interdit, les créanciers fraudés n'avaient qu'à démontrer que le débiteur était en possession de l'objet réclamé, et qu'il s'en était frauduleusement dessaisi, tandis qu'ils ne pouvaient réussir sur la question de propriété qu'à la charge d'établir le droit de propriété du débiteur.

Cujas et Pothier ont ainsi soutenu que les interdits ne sont donnés que pour régler la possession, non la propriété (L. 96, *De solut.*, 46, 3).

Mais cette affirmation est contredite par Paul qui nous donne des exemples d'interdits mettant en jeu une question de propriété : *Quædam interdicta rei possessionem continent veluti de itinere actuque privato, nam proprietatis causam continet hoc interdictum* (L. 2, § 2,43, 1). Reste à savoir si l'interdit fraudatoire était de ceux qui pouvaient soulever une question de propriété : c'est ce qui paraît établi par la loi 96 pr., *De solut.*, 46, 3. Papinien nous dit que si un tuteur a délégué un des débiteurs de son pupille à l'un de ses créanciers personnels, et si cette délégation est le résultat d'un concert frauduleux entre le tuteur et son créancier, ce dernier sera exposé à l'interdit fraudatoire. Or, il est évident qu'il ne s'agit pas ici d'une question de possession.

Nous dirons donc avec Doneau (l. **22**, cap. **18.** n° 14) que l'interdit fraudatoire et l'action Paulienne permettent d'obtenir le même résultat. Mais comment expliquer leur coexistence? Il faut, à notre avis, en donner une explication historique. Primitivement, le préteur accordait la *restitutio* en statuant lui-même sur les cas de fraude les plus graves, les aliénations. La fraude devenant plus fréquente, le préteur, dans chaque litige, rend un ordre, ayant force de loi, défendant aux parties de léser les droits des créanciers. Cet ordre est-il transgressé? Les créanciers se représentent devant le magistrat et obtiennent la délivrance d'une action dans laquelle le juge aura à apprécier si l'ordre donné a été ou non violé. Ensuite le préteur annonça, dans son édit, qu'il donnerait un interdit à tout créancier fraudé par son débiteur, et enfin pour couronner la série de ses innovations et se dégager de ces lenteurs de procédure, il accorda directement aux créanciers l'action Paulienne. Mais il semble alors que l'interdit ait dû tomber en désuétude aussitôt après la création de l'action Paulienne, d'autant plus que la procédure des interdits était très compliquée. Peut-être la procédure de l'interdit constituait-elle, par la rigueur des *sponsiones pœnales*, un avantage que la partie gagnant son procès n'aurait pas trouvé dans l'action; peut-être vaut-il mieux dire encore qu'en maintenant l'interdit à côté de l'action on a voulu surtout respecter la tradition.

A côté de la *restitutio in integrum*, de l'interdit fraudatoire et de l'action Paulienne, nous trouvons deux voies de recours spéciales à des cas particuliers et concernant :

A. L'affranchissement en fraude des créanciers.

B. Les actes faits en fraude d'une personne déterminée, le patron.

A. Cette limitation à la faculté d'affranchir résulte de la loi Ælia Sentia, promulguée en l'an 757 de Rome : « *Is qui in fraudem creditorum manumittit, nihil agit.* » A Rome, on avait un tel respect de la liberté qu'on n'admettait pas qu'une fois donnée, elle pût être révoquée ; aussi la loi Ælia Sentia, pour annuler les affranchissements, *impedit libertatem*. (Inst., liv. 1, VI pr., Dig., l.l. 5 pr.; 11, 26, 40, 9.)

La nullité de l'affranchissement était surbordonnée à deux conditions : un préjudice réel, *eventus damni*, constaté par la *bonorum venditio;* et l'intention de causer un préjudice, *consilium fraudis*, c'est-à-dire la conscience de déterminer ou d'augmenter ainsi son insolvabilité.

L'existence du *consilium fraudis* n'a cependant pas paru nécessaire à tous les jurisconsultes romains.

Papinien et Julien l'exigeaient (l.l. 79, *De reg. juris*, 15, 42, 8). Gaius, au contraire, se contentait de l'*eventus damni* (1. 10, *qui et a quib.*, 40, 9), argumentant de ce que des hommes, dont les intérêts sont disséminés dans divers pays, ignorent l'état exact de leur fortune, et, se croyant solvables quand ils ne le sont pas, font des affranchissements dont ils se fussent abstenus, s'ils avaient connu la réalité. Mais Justinien admet la nécessité du *consilium fraudis*, conformément à l'opinion de Papinien et de Julien, en motivant cette exigence sur la même raison qui la faisait repousser à Gaius.

La réunion de l'*eventus damni* et du *consilium fraudis* est nécessaire, mais suffisante, pour entraîner la nullité définitive de l'affranchissement, malgré les circonstances ultérieures. Ainsi, que le *fraudator* meure, laissant un héritier solvable, l'affranchissement primitivement nul, reste nul. « *Cum hereditas solvendo non est, quamvis heres locuples existat, libertas ex testamento non competit.* » (L. 5, Dig., 40, 9, Cpr. l. 57, 40, 4.)

De la fin de cette loi 57, qui appartient à Gaius, quelques interprètes ont voulu conclure que ce jurisconsulte exigeait le *consilium fraudis*, mais cette conclusion est erronée. Gaius rappelle, pour la critiquer, l'opinion de Julien (l. 5, 40, 9). Il reproche à ce jurisconsulte de se mettre en contradiction avec lui-même, pour le cas où le testateur affranchit ses esclaves, une fois ses dettes payées. Il n'y a certainement pas là de *consilium fraudis;* Julien l'avoue lui-même, et cependant il annule l'affranchissement. Tel est le sens du texte de Gaius ; on ne peut pas en conclure que Gaius exigeait le *consilium fraudis*.

C'est au moment de l'adition, et non à celui de la mort, qu'on se placera pour apprécier la solvabilité de la succession; autrement, la solvabilité constatée à l'époque de la mort aurait validé les affranchissements et si, depuis la mort, la succession était, par suite de cas fortuits, devenue insolvable, on aurait pu craindre que l'héritier ne fît pas adition.

Les créanciers seuls, à l'exclusion des héritiers du *manumissor*, pourront poursuivre la nullité de l'affranchissement.

Mais quel sera le délai de l'action? Les uns, généralisant la loi 16, § 3, Dig., 40, 9, spéciale au fisc, donnent aux créanciers un délai de dix ans. D'autres, invoquant la nullité de plein droit de l'affranchissement et la maxime : « *quod ab initio vitiosum est, non potest tractu temporis convalescere* », soutiennent que l'action des créanciers sera perpétuelle. Une troisième opinion, que nous suivrons, argumente des lois 6, § 14, et 10, §§ 18 et 24, n. t., pour n'accorder aux créanciers qu'un délai d'une année utile.

La loi Ælia Sentia admettait cependant une exception au principe de la nullité des affranchissements faits en fraude des créanciers et validait l'affranchissement de l'esclave institué héritier. On avait voulu éviter au défunt la honte de mourir *intestat*, et surtout l'infamie entraînée par la *ven-*

*ditio bonorum* (Gaius, C. 1, § 21). Primitivement, il fallait un affranchissement exprès (Gaius, C. 1, § 123; II, § 187). Sous Justinien, l'institution de l'esclave implique le don de liberté (§ 2, *qui et a quibus*, Inst., I, 6).

Mais l'exception, une fois admise, fut restreinte, avec beaucoup de rigueur, à la simple faculté d'affranchir un seul esclave (l. l. 42, 43, 60, *De hered. inst.*); encore cet esclave ne devenait-il libre que lorsqu'il ne se présentait pas, avant lui, d'autres héritiers.

Une nouvelle difficulté historique se présente ici pour la détermination de la date respective de l'action Paulienne et de la loi Ælia Sentia.

Nous pensons, sur ce point, avec la majorité des auteurs anciens et modernes, notamment Cujas (*ad tit. Codicis, De revoc. his*), Schrader, Demangeat (T. II, p. 528) et Accarias *(Précis de droit romain*, 2ᵉ éd., nᵒ 71) que le préteur a d'abord établi l'action Paulienne, et que la loi Ælia Sentia n'est venue qu'après.

Il est probable, en effet, que les affranchissements irrévocables, de leur nature, échappaient à la disposition générale de l'édit permettant aux créanciers de demander la révocation des actes faits en fraude de leurs droits. Le respect des Romains pour la liberté une fois donnée n'eût pas permis au préteur d'annuler l'affranchissement, et il n'y a rien d'étonnant qu'il ait fallu une loi pour *impedire libertatem* et faire rentrer un homme en servitude, comme s'il n'eût jamais été libre. On objecte que, lorsque le testateur avait omis un fils émancipé dans un testament contenant des affranchissements, le préteur accordait la *bonorum possessio contra tabulas*, qui faisait tomber, avec le testament, les affranchissements valables selon le droit civil (Gaius, C. II, § 135). Mais on peut répondre qu'à l'époque de la loi Ælia Sentia, le préteur n'aurait accordé qu'une *bonorum possessio sine re*, et aurait respecté l'affranchissement. Ce n'est, en effet, qu'à partir d'Adrien qu'on peut affirmer que la *bonorum possessio* a été accordée *cum re* (Accarias, t. II, p. 123).

Cette opinion est corroborée par un passage des Lettres à Atticus (I, X) où Cicéron a écrit, en l'an 688 de Rome, c'est-à-dire avant la loi Ælia Sentia : « Cæcilius, avunculus tuus, quum a P. Vario magnâ pecuniâ fraudaretur, agere cœpit cum ejus fratre Caninio Satrio de iis rebus, quas cum dolo malo mancipio accepisse de Vario diceret. Una agebant cum eo cæteri creditores, in quibus erat Lucullus, et is quem putabant magistrum fore, si bona venirent, L. Pontius. »

Il semble bien que Cicéron parle de l'action Paulienne. Varius a commis une fraude à l'égard de Cæcilius ; ce dernier agit non contre Varius, auteur de la fraude, mais contre Caninius complice, qui s'est fait frauduleusement manciper certains objets.

L'exposé de Cicéron ne permet pas de croire

qu'il a voulu parler de l'action de dol, comme on l'a soutenu. L'action de dol, en effet, suppose que le dol a été pratiqué au moment du contrat par l'une des parties contre l'autre; et elle est dirigée contre l'auteur du dol; circonstances qui ne se rencontrent pas ici.

La loi Ælia Sentia n'a donc fait que combler une lacune du droit prétorien qui a le mérite d'avoir, le premier, sauvegardé les droits des créanciers.

B. La seconde voie spéciale de recours que nous devons examiner, concerne les actes faits par l'affranchi en fraude des droits du patron. La loi Ælia Sentia s'occupait déjà (Gaius, C. I, § 37) de protéger le patron contre des affranchissements frauduleux. Le préteur s'empara de cette idée et créa, pour protéger le patron contre les actes frauduleux de l'affranchi, deux actions : l'une, l'action *Calvitiana*, pour le cas où l'affranchi est mort intestat, l'autre, l'action *Faviana*, pour le cas où il a fait un testament (Dig., liv. 38, 5, C., liv. 6, 5).

Pour qu'il y ait lieu d'accorder ces actions, il faut que l'aliénation ait été faite en fraude des droits du patron. Il suffit, pour cela, que l'acte frauduleux ait diminué le patrimoine de l'affranchi; mais si ce dernier avait simplement négligé d'acquérir, il n'y aurait pas lieu d'intenter l'action.

Une comparaison de ces actions Calvisienne et Favienne avec l'action Paulienne nous amènera à constater, entre elles, des différences et des ressemblances.

Voici des différences :

Le demandeur, dans les actions Calvisienne et Favienne, doit toujours rembourser le prix à l'acquéreur même de mauvaise foi (l. 1, § 16. Dig., 38, 5). Il en est autrement dans la Paulienne où l'acquéreur n'a droit au remboursement qu'autant que le prix existe encore *in bonis* (l.l. 7, 8, n. t.) — Ces actions atteignent tous les acquéreurs, fussent-ils de bonne foi (l. 1, § 4, Dig., 38, 5), la Paulienne admet, au contraire, des distinctions selon la bonne ou la mauvaise foi. — Elles sont perpétuelles (l. 3, § 1, Dig., 38, 5) et n'ont pour but que la persécution de la chose; l'action Paulienne est annale et a un certain caractère pénal.

Voici maintenant des points de ressemblance : d'abord elles ont ce but commun de protéger ceux qui les exercent contre les actes frauduleux de leur débiteur. En outre, elles sont personnelles et arbitraires (l. 5, § 1, Dig., 38, 5) et donnent lieu, les unes et les autres, au *Jusjurandum in litem ob contumaciam rei* (l. 5, *eod. tit.*).

# DE L'ACTION PAULIENNE

---

Nous diviserons notre matière en cinq sections :

I. Caractères de l'action Paulienne.
II. A qui appartient-elle? Contre qui peut-elle être dirigée?
III. Conditions d'exercice de l'action.
IV. Des actes soumis à l'action.
V. Des effets de l'action Paulienne.

### I. *Caractères de l'action Paulienne.*

L'action Paulienne est prétorienne, annale, personnelle, *in factum*, pénale, unilatérale, arbitraire.

*Prétorienne et annale.* — La loi 38, § 4, *de usuris*, de même que la loi I pr., n. t., nous présente, en effet, cette action comme une action prétorienne; il s'ensuit qu'elle est annale.

Le point de départ du délai d'un an sera-t-il le jour où l'acte frauduleux a été commis, ou le jour de la *bonorum venditio*? C'est un point discuté.

L'innovation prétorienne étant très rigoureuse, et anéantissant un acte valable selon le droit civil ; on a dû, selon les uns, en restreindre l'exercice à un temps très court ; le délai courra donc du jour de l'acte frauduleux. Il serait imprudent, en effet, de laisser les créanciers déterminer, au gré de leur intérêt, le point de départ du délai par le plus ou moins de diligence qu'ils mettraient à poursuivre la *bonorum venditio* (Proudhon, *De l'Usufruit*, IV, n°2401). Les créanciers peuvent, au surplus, retarder l'expiration du délai par des actes conservatoires.

Il paraît préférable à d'autres de faire courir le délai à partir de la *bonorum venditio*. — L'insolvabilité du débiteur, base de l'action, doit être établie par la *bonorum venditio*, préliminaire indispensable de l'action. Il faut que le moment d'agir soit venu pour que le délai commence à courir ; or, le moment d'agir n'est constaté juridiquement que par la *bonorum venditio*. Qu'on n'objecte pas que les créanciers peuvent faire des actes conservatoires ; cela ne se comprend que si l'acte frauduleux du débiteur leur est connu, et qu'ils se rendent compte que le débiteur a ainsi déterminé ou augmenté son insolvabilité (l.l. 6, § 14 ; 10, § 18, n. t.).

Le principe de l'annalité de l'action Paulienne comporte deux exceptions :

La première étend le délai : après l'année elle se

donne encore jusqu'à concurrence de l'enrichissement procuré par la fraude (l. 10, § 24, n. t.).

Le deuxième réduit le délai. Par la force des
choses, l'action Paulienne durera moins d'une
année, si le droit auquel le *fraudator* a renoncé
est de moindre durée : le *fraudator* est créancier
d'une somme qu'il doit réclamer avant un certain
*dies;* six mois avant ce *dies*, il renonce frauduleusement à son droit, ses créanciers n'auront que
six mois pour intenter le Paulienne, car la fraude
du créancier ne peut avoir pour effet de perpétuer
l'obligation qui existait à son profit (l.10, §23, n.t.)

Justinien remplaça ce délai d'un an utile, par
celui de quatre ans continus (l. 7, C., liv. 5, tit. 53).

*Personnelle.* — Une action est personnelle lorsque
le demandeur prétend que le défendeur est lié envers lui en vertu de telle ou telle cause, de tel ou
tel fait, par un *vinculum juris.*

La loi 38, *de Usuris*, ne laisse aucun doute sur le
caractère de personnalité qui appartient à l'action
Paulienne; le § 4 de cette loi assimile les effets de
l'action Paulienne à ceux de l'action Favienne qui
est bien une action personnelle, d'après la loi 1,
§ 26, Dig., *Si quid in fraudem patroni.*

Mais quelle sera la raison d'être de l'obligation
personnelle mise ainsi à la charge du tiers? Ce
sera, selon les cas, le délit de participation à la
fraude du débiteur, ou l'enrichissement sans raison légitime aux dépens d'autrui.

Du caractère personnel de l'action, il faut conclure qu'elle ne donne aucun droit de préférence au créancier qui l'exerce sur les créanciers personnels du tiers acquéreur.

*In factum.* — L'action Paulienne est *in factum,* c'est-à-dire que l'*intentio* de la formule ne sera pas redigée *in jus.* — La question que le préteur pose au juge dans la formule n'est pas une question de droit, mais une question de fait. Le débiteur a-t-il commis une fraude? Les tiers sont-ils complices?

*Pénale unitatérale.* — L'action Paulienne est pénale *ex parte rei,* puisque la condamnation qui atteint le *reus* coupable de fraude peut dépasser son enrichissement. Mais, d'un autre côté, le demandeur ne réclamant que la chose et ne retirant aucun enrichissement de l'action, il en résulte qu'à son égard, la Paulienne est persécutoire de la chose. Elle est donc pénale, vis-à-vis du défendeur, *rei persecutoria,* vis-à-vis du demandeur; est-ce à dire qu'elle est mixte? (Gaius, C. IV, §§ 7, 8, 9.) Non, car elle rentre exactement dans une autre classe d'actions, celle des actions pénales unilatérales, par lesquelles le défendeur est appauvri, sans que le demandeur soit enrichi (Dig., l.l. 9, § 4 ; 17, § 1, *de dolo malo;* 9, § 1, *Quod cum falso tutore,* 27, 6).

Les Romains faisaient prédominer dans ce genre d'actions, le caractère pénal, qu'ils fixaient en envisageant la personne du défendeur. Les héritiers n'en étaient tenus que jusqu'à concurrence de l'enrichissement (l.l. 10, § 25; 11, n. t.).

*Arbitraire.*— Fabre a soutenu le premier, et avec raison, que l'action Paulienne est une action arbitraire. L'action arbitraire est celle dans laquelle la formule permet au juge de prononcer avant la condamnation un *jussus* ou *arbitrium* indiquant impérativement ou sous la forme d'une simple faculté la satisfaction à fournir par le défendeur, s'il veut échapper à la condamnation.

II. *Qui peut intenter l'action Paulienne ?*
*Contre qui est-elle dirigée?*

Le *curator* nommé par le préteur pour procéder à la vente en bloc des biens du débiteur était chargé de l'exercice de l'action dans l'intérêt des créanciers fraudés. Il suffit qu'un seul créancier ait été fraudé; mais l'action ne pourrait plus être intentée si ce créancier était désintéressé par le tiers complice de la fraude ou par une autre personne, celle qui, par exemple, viendrait à demander l'*addictio bonorum, libertatum conservandarum causâ*.

Il faut, en principe, que les créanciers qui demandent l'action Paulienne soient au nombre de ceux que le débiteur voulait frauder. Les créanciers postérieurs à l'acte frauduleux ne peuvent agir par l'action Paulienne. Il y a cependant un cas où l'action pourra être intentée, quoiqu'il n'y ait plus de créanciers fraudés, par les créanciers dont l'argent a servi à payer les créanciers fraudés (l.l. 10, § 1; 15 et 16, n. t.).

Deux interprétations ont été données de ces textes.

Les uns disent que si l'action a été accordée à ces créanciers, c'est qu'il y a eu, à leur égard, *consilium fraudis* et *eventus damni*.

D'après les autres, on ne peut pas dire que les conditions ordinaires d'exercice de l'action Paulienne se rencontrent ici; car il n'y a certainement pas eu de *consilium fraudis* de la part du débiteur; le texte le suppose (l. 10, § 1); en fait, le débiteur n'augmente pas son insolvabilité, il change seulement de créancier. Le texte établit une sorte de subrogation légale du créancier postérieur aux droits du créancier antérieur que son argent a désintéressé; l'équité exigeait, en effet, cette dérogation aux principes.

L'action Paulienne appartient à tout créancier fraudé, quelle que soit sa qualité, qu'il soit hypothécaire ou simplement chirographaire. On a cependant contesté que le créancier hypothécaire eût le droit d'intenter l'action Paulienne.

La question ne présentera pas toujours un grand intérêt pour le créancier hypothécaire, car il sera, le plus souvent, mieux protégé par son action propre qui le dispense de faire la preuve, souvent assez difficile, de la fraude du débiteur. Néanmoins, on conçoit que le créancier hypothécaire préfère agir par la Paulienne, notamment s'il veut atta-quer un acquéreur de mauvaise foi, libéré de l'action hypothécaire par la revente à un sous-acqué-reur de mauvaise foi qui a pu transporter au loin le meuble hypothéqué et entraver l'action hypo-thécaire. Nous croyons que le créancier hypothé-caire pourra intenter l'action Paulienne, s'il y trouve son intérêt : nous appuyons cette solution sur le texte de l'édit qui est général, et protége tous les créanciers, et sur cette considération qu'on ne peut retourner la garantie hypothécaire contre celui au profit de qui elle a été établie.

La mort du débiteur peut apporter des restric-tions à la généralité de la règle que l'action Pau-lienne appartient à tous les créanciers fraudés. Ces derniers, en effet, sont déchus du droit d'intenter la Paulienne, s'ils ont accepté l'héritier du *frauda-tor* pour leur débiteur, car ils n'ont plus alors de droit propre sur le patrimoine de leur débiteur originaire qui est confondu avec celui de l'héritier. Ces créanciers qui se prétendent fraudés ne peu-vent, du reste, pas se plaindre, car ils n'avaient qu'à demander la séparation des patrimoines pour maintenir le patrimoine de leur débiteur originaire dans son individualité juridique, et le faire réta-blir dans son intégrité, en demandant par l'action Paulienne la nullité des actes qui l'ont diminué (l. 10, § 11, n. t.).

Mais supposons qu'un héritier nécessaire se soit

immiscé dans la succession ou qu'un héritier volontaire ait fait adition, et qu'ils se fassent ensuite restituer contre l'immixtion ou l'adition ; les créanciers auront-ils l'action Paulienne contre les actes du défunt? Rigoureusement, non ; car ils ont accepté l'héritier pour débiteur ; ils ont perdu le droit d'intenter la Paulienne, et ne peuvent invoquer le bénéfice d'une restitution qui n'est pas introduite en leur faveur.

Cependant Ulpien accorde une action Paulienne utile ; le motif en est que les créanciers n'avaient accepté l'héritier pour débiteur qu'à la condition qu'il resterait héritier, et qu'il eût été trop rigoureux de leur refuser toute action. On a soutenu que l'action utile n'était accordée que lorsque les créanciers n'ont pas accepté l'héritier pour débiteur. Mais nous ne croyons pas que le texte impose cette solution, et, au point de vue des principes, l'équité qui fait accorder une action utile aux créanciers en cas de restitution de l'héritier, exige qu'on la leur accorde même s'ils ont accepté l'héritier pour débiteur.

Voyons dans quels cas les créanciers sont réputés avoir accepté l'héritier pour débiteur. Il y a des cas où le doute n'est pas possible : ainsi lorsque les créanciers se sont fait envoyer en possession des biens de l'héritier et les ont fait vendre, ils ont évidemment accepté cet héritier pour débiteur (l. 10, § 9, n. t.).

Mais l'immixtion de l'héritier entraîne-t-elle nécessairement déchéance des créanciers ?

Labéon, nous dit Ulpien, faisait une distinction. Les créanciers étaient-ils absents au moment de l'immixtion? On ne doit pas présumer leur acceptation, et ils pourront attaquer les actes frauduleux soit du défunt, soit de l'héritier. Ils n'ont pu, en effet, en raison de leur absence, protester contre l'immixtion de l'héritier. Si, au contraire, ils ont manifesté d'une manière quelconque leur intention d'accepter l'héritier pour débiteur ; par exemple, s'ils ont fait une remise sur les intérêts que devait le défunt, ils ne pourront attaquer les actes frauduleux du défunt.

Les créanciers *paciscentes* sont assimilés par le texte aux créanciers *absentes*. Cette expression se rapporte probablement à l'hypothèse où l'immixtion a eu lieu pendant que les créanciers étaient en train de transiger avec l'héritier pour le paiement des dettes de la succession. Les pactes dont il s'agit étaient très usités, avant la création du bénéfice d'inventaire, pour diminuer la quotité des dettes dont l'héritier était tenu. Si donc, pendant les pourparlers, l'héritier s'immisce, le jurisconsulte déclare que cette immixtion ne préjudicie pas aux droits des créanciers.

Contre qui l'action Paulienne est-elle accordée?

Le principe est que l'action doit être dirigée contre celui qui a profité de la fraude du débiteur, c'est-à-dire contre les acquéreurs et sous-acquéreurs, tant à titre gratuit qu'à titre onéreux, sous des distinctions que nous examinerons plus loin.

Il suffit même qu'on profite de l'acte, sans y avoir été partie, comme dans l'hypothèse de la loi 25 pr., n. t.

Venuleius suppose dans ce texte, que le *fraudator* fait acceptilation au fidéjusseur, complice de la fraude. Si le débiteur principal est également complice de la fraude, action sera donnée contre le fidéjusseur et contre le débiteur principal; et cependant ce dernier n'a concouru en rien à l'acte frauduleux.

Si le fidéjusseur seul est de mauvaise foi, il sera, en principe, seul exposé à l'action; mais, s'il est insolvable, le jurisconsulte accorde un recours contre le débiteur de bonne foi, *quia ex donatione capit.*

Venuleius suppose ensuite que l'acceptilation est faite au débiteur principal. Est-il de mauvaise foi, il pourra être poursuivi; quant au fidéjusseur, il pourra aussi être poursuivi, s'il est de mauvaise foi; mais il n'a rien à craindre s'il est de bonne foi, car il évite une perte plutôt qu'il ne réalise un gain. C'est là une décision subtile, car n'est-ce pas faire un gain, que d'échapper à une perte certaine?

Enfin, si l'acceptilation a été faite à l'un de plusieurs codébiteurs solidaires, les autres, même de bonne foi, seront tenus de l'action Paulienne, car on doit les considérer comme autant de débiteurs principaux.

L'action Paulienne peut être dirigée contre quiconque détient, aussi bien contre les héritiers que contre les ayants-cause à titre particulier (l. 10, § 25); mais, vis-à-vis d'eux, la condamnation est limitée à ce dont ils ont été enrichis par le résultat de la fraude.

Il résulte, enfin, des termes de l'édit que l'action Paulienne peut être dirigée contre le *fraudator* lui-même : « *Idque etiam adversus ipsum qui fraudem fecit, servabo.* » La loi 25, § 7, n. t., dit aussi : « *Hæc actio in ipsum fraudatorem datur.* »

Mais à quoi servira cette action, puisque le *fraudator* est, depuis la *bonorum venditio*, dessaisi de tout son patrimoine et de tous ses droits? C'est ce qu'on ne voit pas clairement; aussi le jurisconsulte Méla n'admet pas cette action. Venuleius fait alors observer que le but de l'action est moins d'obtenir un émolument qu'une peine : « *non tantum emolumentum quam pœnam.* »

Quelle était cette peine? Les interprètes traduisent ordinairement le mot *pœna* par emprisonnement. Mais, pour obtenir l'emprisonnement de son débiteur, il n'était pas besoin de prouver la fraude, il suffisait d'établir son impossibilité ou son refus de payer.

M. Giraud a soutenu que l'emprisonnement n'était possible que pour les dettes d'argent; lorsque la dette n'était pas une dette d'argent, le créancier ne pouvait faire emprisonner son débiteur que lorsqu'il y avait fraude.

Dans une dernière opinion, on peut encore soutenir que le texte prévoit l'hypothèse d'une cession de bien frauduleusement effectuée par le débiteur qui a dissimulé son actif. L'action Paulienne, en démontrant la fraude, priverait alors le débiteur du bénéfice de la cession de biens, qui était de le soustraire à l'emprisonnement.

III. *Des conditions d'exercice de l'action Paulienne.*

Il faut examiner ces conditions :

A. en la personne du *fraudator*.
B. en la personne du tiers qui a traité avec lui.

A. Il faut, en la personne du *fraudator*, la preuve d'un élément matériel, *eventus damni*, et celle d'un élément intellectuel, *consilium fraudis*.

L'*eventus damni* se prouve par la vente en masse par le syndic, *curator*, préposé à l'administration des biens dont les créanciers ont été envoyés en possession. C'est là une condition indispensable de l'exercice de l'action Paulienne (loi 10, § 1, n. t.). Cette vente peut seule, en effet, constater le préjudice résultant pour les créanciers de l'insolvabilité du débiteur, en démontrant que l'acte attaqué a déterminé ou augmenté cette insolvabilité.

*Consilium fraudis.* — Il n'est pas nécessaire que le débiteur ait agi dans l'intention formelle de frauder ses créanciers. Il y aura *consilium fraudis* par cela seul qu'il se savait insolvable, et qu'il avait conscience du préjudice causé. Ainsi, les raisons les plus respectables que le débiteur aurait eues de faire tel ou tel acte, ne protègeraient pas cet acte contre l'action Paulienne. J'ai donné l'universalité de mes biens à mes affranchis qui sont, en même temps, mes enfants naturels; je ne me suis pas proposé de frauder mes créanciers; mais comme je savais avoir des créanciers, je suis réputé avoir eu le *consilium fraudis.*

Il importe peu que l'intention frauduleuse ait existé chez le débiteur lui-même ou chez son représentant, s'il est incapable. Le tuteur fait un acte en fraude des créanciers du pupille, l'action Paulienne est ouverte (l. 8, Dig., *de Trebell.*, 36, 1).

Il y a deux sortes d'actes que les créanciers peuvent faire révoquer sans être obligés de prouver l'intention frauduleuse du débiteur : ce sont les legs et les donations à cause de mort (cbn., loi 1, § 1; *Si quid in fraud., pat.*, 38, 5, et loi 23, n. t.). Cette exception n'est, du reste, qu'une application de la règle : « *Nemo liberalis, nisi liberatus.* »

B. Pour que l'action Paulienne puisse être intentée avec succès contre le tiers qui a contracté avec le *fraudator*, il faut que ce tiers ait eu conscience de la fraude du débiteur (l. 1 pr., n. t., 6, § 8, 10); qu'il ait été complice de la fraude du débiteur. Les Romains considéraient que le tiers, qui n'avait rien à se reprocher, méritait, au moins, autant d'égards que les créanciers, qui pouvaient toujours s'imputer d'avoir choisi un débiteur de mauvaise foi ; aussi le préteur maintenait-il l'acte passé avec un tiers de bonne foi.

La Paulienne n'était donc possible que contre le tiers *conscius fraudis*. Mais que faut-il entendre par ces mots? La loi 10, § 2, n. t., les commente : il ne suffit pas que les créanciers établissent que le tiers savait traiter avec un homme ayant des créanciers, mais encore que l'acte était fait pour frauder les créanciers.

Par exception, la participation du tiers à la fraude sera implicitement prouvée par ce fait que, prévenu, avant de passer l'acte, de s'en abstenir, il n'aura tenu aucun compte de l'avertissement des créanciers (l. 10, § 3, n. t.). En sens inverse, les créanciers n'auront aucune action pour attaquer des actes, même frauduleux, auxquels ils ont eux-mêmes consenti. « *Nemo enim videtur fraudare eos qui sciunt et consentiunt.* »

L'intention de frauder un seul créancier est suffisante pour constituer le tiers acquéreur complice et permettre l'action contre lui (l. 10, § 7, n. t.), eût-il ignoré l'existence des autres. Mais il était à craindre que, s'il a intérêt à éluder les effets de l'action, le tiers se mît à désintéresser le créancier fraudé : les autres créanciers n'auraient pu alors agir par l'action Paulienne, parce que les conditions d'exercice de cette action ne sont pas réunies vis-à-vis d'eux. Aussi la loi 10, § 8, n. t., décide-t-elle que, dans ce cas, le tiers ne sera pas admis à désintéresser le créancier fraudé.

La preuve de la complicité du tiers acquéreur était donc, primitivement, une condition indispensable pour l'exercice de l'action.

Mais les progrès de la jurisprudence prétorienne firent apporter à cette règle générale une importante dérogation qui résulta d'une distinction introduite, au point de vue de la complicité du tiers, entre les actes à titre onéreux et les actes à titre gratuit.

Exiger que les créanciers fissent la preuve de la complicité du tiers acquéreur à titre onéreux, pour leur accorder l'action Paulienne, cela se concevait très bien ; car, si ce tiers est de bonne foi, il est aussi intéressant que les créanciers ; il résiste, lui aussi, pour ne pas être en perte ; les uns et les autres *certant de damno vitando ;* or, *in pari causâ melior est causa possidentis.* Il n'y avait aucune raison d'enlever, dans ce cas, le bénéfice de son acquisition au tiers de bonne foi.

Mais que la bonne foi d'un acquéreur à titre gratuit, d'un donataire, qui *certat de lucro captando,* suffît à entraver l'action, Paulienne, c'était un résultat bien dur pour les créanciers, qui *certant de damno vitando.* Le préteur le reconnut, et décida que parfois, *interdum,* et aussi *cognitâ causâ,* il donnerait l'action sans exiger la preuve de la complicité : *Interdum cognitâ causâ, et si scientia non sit, in factum actionem permittam* (l. 10 pr.,

n. t.). C'était là une innovation timide que le préteur développa bientôt en proclamant le principe
de la distinction classique entre les actes à titre
onéreux et les actes à titre gratuit, au point de vue
de l'exercice de l'action Paulienne. Pour intenter
avec succès la Paulienne contre un acquéreur à
titre onéreux, il faudra démontrer qu'il a été complice de la fraude, tandis que l'action pourra atteindre les acquéreurs à titre gratuit alors même
qu'ils auraient été de bonne foi (l. 25 pr., n. t.;
l. 6, § 11, n. t.; l. 6, C. *de revoc. his... 7, 75*).

Il n'est cependant pas sans intérêt, sinon quant
à la recevabilité de l'action, du moins quant à ses
effets, de rechercher si le donataire a été de bonne
ou de mauvaise foi. Dans le premier cas, en effet,
il ne sera poursuivi que jusqu'à concurrence de
son enrichissement; dans le second, il le sera
jusqu'à concurrence du préjudice.

Il importe donc beaucoup, au point de vue de
l'exercice de l'action Paulienne, de distinguer les
actes à titre onéreux des actes à titre gratuit; et il
semble que cette distinction soit facile à faire; l'acte
à titre gratuit étant celui qui procure à l'acquéreur un bénéfice pur et simple, tandis que l'acte à
titre onéreux ne confère un émolument à l'acquéreur qu'à la charge, pour cet acquéreur, d'une
obligation équivalente.

Tous les actes ne rentrent cependant pas sans
difficulté dans cette division : ainsi, par exemple,
les jurisconsultes romains étaient divisés sur la

question de savoir si, vis-à-vis de la femme, il fallait reconnaître à la constitution de dot le caractère d'acte à titre gratuit ou à titre onéreux.

Le caractère de la constitution de dot peut s'envisager vis-à-vis du mari ou vis-à-vis de la femme.

A l'égard du mari, les jurisconsultes romains voient dans la constitution de dot un acte à titre onéreux, c'est-à-dire que les créanciers ne pourront, par l'action Paulienne, faire révoquer la constitution de dot qu'en prouvant que le mari a été complice de la fraude (l. 25, § 1, n. t). Cela ne pouvait faire grande difficulté : bien qu'il soit *dominus dotis*, le mari ne reçoit la dot que pour subvenir aux charges du ménage : il n'y a pas là, pour lui, un pur bénéfice, un gain. Il est tenu de rendre la dot au constituant lorsque le mariage est dissous par le prédécès de la femme, ou à la femme elle-même, en cas de dissolution du mariage par le divorce.

La loi 25, § 1, n. t., commence par examiner quelques difficultés résultant de la combinaison des règles de la restitution de la dot avec celles de l'action Paulienne. Elle suppose qu'un gendre, de mauvaise foi, a reçu une dot d'un beau-père qui agissait *in fraudem creditorum*. Le mari est, à propos de cette constitution de dot, menacé de deux actions : celle des créanciers agissant par, l'action Paulienne; celle de la femme agissant, *post divortium*, en restitution de sa dot par l'action *rei uxoriæ*.

Si le mari restitue la dot aux créanciers qui le poursuivent par l'action Paulienne, *desinit dotem habere*, dit le texte; par conséquent, le divorce survenant, il n'aura rien à rendre à la femme, même émancipée; par ce motif, dit Labéon, que la Paulienne est donnée pour la restitution de la chose, et non à titre de peine. Le mari sera donc absous, s'il a restitué.

Si la femme agit en restitution de dot, avant que les créanciers n'intentent l'action Paulienne, le mari qui aura restitué la dot, ne reste pas moins tenu vis-à-vis des créanciers; et Labéon ajoute qu'il n'aura aucun recours contre la femme, car il s'est laissé condamner, il a payé *ex causâ judicati;* le paiement n'est donc pas sans cause.

Mais que décider si le mari, ayant payé volontairement, en dehors de tout procès, est ensuite attaqué par les créanciers? Aura-t-il un recours contre la femme? Venuleius pose la question sans la résoudre. Nous croyons que le mari n'aurait pas de recours. La femme n'a reçu que ce qui lui était dû; elle pouvait forcer le mari à lui restituer sa dot; et notre solution n'est pas plus rigoureuse, dans le cas de paiement volontaire, où le mari était libre de conserver la dot, que dans celui de paiement judiciaire, où il ne pouvait pas ne pas restituer.

Quoi qu'il en soit, il résulte du texte que le mari était considéré comme un acquéreur à titre onéreux au point de vue de la constitution de dot.

Mais en était-il de même de la femme ? Venuleius, après nous avoir dit que si le mari et
la femme sont complices de la fraude, tous deux
seront tenus ; que si la femme a participé seule à
la fraude, elle seule sera tenue, ajoute : *At si
neuter scierit, quidam existimant nihilominus in
filiam dandam actionem : quia intelligitur quasi
ex donatione aliquid ad eam pervenisse.*

La question de savoir si la constitution de dot
était vis-à-vis de la femme un acte à titre gratuit
ou à titre onéreux était donc controversée.

Selon les uns, la femme devait être considérée
comme une donataire ; la constitution de dot est,
en effet, vis-à-vis d'elle, un acte purement gratuit,
une véritable libéralité qui ne l'oblige à aucune
prestation corrélative. On doit donc appliquer les
règles qui régissent les donations, et dire que la
femme pourra être poursuivie par l'action Paulienne sans qu'il soit besoin d'établir qu'elle a été
complice de la fraude.

D'autres pensaient, au contraire, que la femme
n'est exposée à l'action Paulienne que dans le cas
de complicité.

Au point de vue des principes, il est plus exact
de dire que la femme n'est pas donataire. D'abord,
elle ne reçoit rien directement du constituant :
l'action en reprise qu'elle exercera, à la dissolution
du mariage, provient de la loi et non du constituant. Et, ensuite, la dot qu'elle reçoit n'est pas
un acte purement gratuit, puisqu'elle correspond

à des charges déterminées et entraîne, notamment, l'obligation de fournir des aliments aux enfants, quand ils ne peuvent pas en obtenir de leurs ascendants. On ajoute, dans cette opinion, que les lois Julia et Papia Poppæa, ayant fait une obligation pour les pères et aïeux de doter leurs filles et petites-filles, la constitution de dot doit plutôt, depuis ces lois, être considérée comme l'exécution d'une obligation que comme une libéralité (l. 19, *De ritu nuptiarum*, Dig.).

A s'en tenir à ces considérations la légitimité de cette deuxième opinion pourrait encore paraître douteuse, car, si la constitution de dot correspond à des charges, il faut avouer que ces charges sont bien éventuelles et incertaines, et si les lois Julia et Papia Poppæa peuvent faire considérer la constitution de dot comme l'exécution d'une obligation, ce n'est que vis-à-vis des ascendants et non vis-à-vis des étrangers.

Aussi, c'est en nous plaçant dans un autre ordre d'idées que nous nous déciderons à adopter cette seconde opinion. Les Romains ont toujours considéré les règles concernant la constitution de la dot comme étant d'ordre public, et ils en ont entouré la restitution de garanties exceptionnelles. On peut en conclure qu'ils auraient fait œuvre incomplète et insuffisante, en assurant ainsi la restitution de la dot, s'ils n'avaient pris soin aussi d'en favoriser la constitution. C'est pourquoi nous pensons que, dans la controverse dont nous avons indiqué les éléments, la majorité des jurisconsultes a dû exiger la preuve de la complicité de la femme.

Les textes que nous avons sur la question sont, aussi, plus favorables à notre opinion qu'à celle de nos contradicteurs.

On nous oppose le texte de Venuleius déjà cité : *quidam existimant*, etc.; mais il semble bien que le jurisconsulte indique ainsi une opinion qu'il ne partage pas. Cela est d'autant plus probable que son opinion personnelle est nettement indiquée dans le § 2 de cette même loi 25, n. t. : il examine les conséquences d'une constitution de dot faite par un étranger, et il décide que le mari sera tenu de l'action, s'il est de mauvaise foi, et il ajoute : *æque mulier : nec minus et pater, si non ignoraverit.*

Le texte suppose que c'est au père de la femme que la dot a été restituée, parce que la fille était encore en sa puissance, lors de sa restitution, et il ne donne l'action contre lui que s'il a connu la fraude. Pourquoi exiger la fraude de sa part?

C'est assurément dans l'intérêt de la fille et pour lui faciliter un second mariage. Si donc, l'intérêt éventuel de la fille suffit pour paralyser l'action Paulienne contre son père de bonne foi; pourquoi, lorsque cette fille est *sui juris*, et qu'elle a un intérêt certain et immédiat à reprendre elle-même sa dot et à en disposer à son gré, ne pourrait-elle pas faire écarter l'action Paulienne, en raison de sa **bonne foi?**

Concluons de là que si, lorsque la dot est constituée par un étranger, la femme n'est pas considérée comme ayant reçu une pure libéralité, il doit, *à fortiori*, en être de même lorsque la constitution émane d'un père de famille, soumis à l'obligation civile de doter.

La loi 14, n. t., confirme notre manière de voir. Ce texte, pris à la lettre, supposerait une constitution frauduleuse de dot consentie par un beau-père, avec la complicité de son gendre. Mais, s'il en était ainsi, on ne comprendrait pas que le texte donnât action contre la femme; c'est, en effet, contre le gendre que devraient agir les créanciers fraudés, sans attendre la dissolution du mariage, pour demander à la femme la cession de son action *de dote*.

Aussi, est-on généralement d'accord pour lire *sciente*, au lieu de *scienti*, et on arrive, à l'aide de cette légère correction, à dire que, pour l'exercice de l'action Paulienne, on exigeait, vis-à-vis de la femme, la preuve de la complicité.

La nécessité de prouver la complicité du tiers acquéreur, pour assurer le succès de la Paulienne, reçoit, ainsi que nous l'avons dit, une large exception en matière d'actes à titre gratuit.

Signalons une seconde exception, spéciale à un cas où la preuve de la complicité ne sera pas exigée, quoiqu'il s'agisse d'un acte à titre onéreux. Ulpien, rapportant et approuvant l'opinion de Labéon, a écrit dans la loi 6, § 10, n. t. : « *Omni modo revocandum si fraudati sint creditores quia pupilli ignorantia quæ per ætatem contingit, non debet esse captiosa creditoribus, et ipsi lucrosa.* » Le *fraudator* a traité avec un pupille; l'acte, même à titre onéreux, pourra être attaqué, encore que le pupille ne soit pas *particeps fraudis.*

On a contesté cette solution, en disant que c'était traiter plus rigoureusement le pupille que le majeur; que, du reste, le § 10 de la loi 6 ne concernait que les donations, ainsi que le prouvait le mot : « *lucrosa* ». Mais alors, répondrons-nous, ce paragraphe était inutile, et de plus, comme le fait remarquer Doneau, s'il fallait prouver le *consilium fraudis* d'un pupille qui n'est pas *capax doli,* le *fraudator* n'aurait qu'à vendre à un pupille pour échapper à la révocation.

L'action Paulienne pouvant être exercée contre quiconque détient; ceux qui ont traité avec l'acquéreur primitif y sont exposés comme cet acquéreur lui-même. Mais il faudra examiner la situation personnelle du sous-acquéreur, et vérifier, d'après les principes sus-énoncés, si les conditions d'exercice de l'action sont réunies à son égard.

Ainsi, un *fraudator* a vendu un objet à un acquéreur complice de sa fraude; ce dernier revend à un tiers de bonne foi. Le second acheteur est-il exposé à la Paulienne? Non, dit Paul (loi 9, n. t.); quoique la question ait fait doute, *verior est Sabini sententia :* le dol doit nuire exclusivement à celui qui s'en est rendu coupable.

Mais il y a une autre hypothèse que les textes ne prévoient pas et qui peut faire difficulté.

Supposons un premier acheteur de bonne foi, et un second acheteur de mauvaise foi ; faudra-t-il donner l'action Paulienne?

Nous pensons que, dans ce cas, l'action ne serait pas plus admissible contre le second acheteur que contre son auteur. Le bien étant, en effet, sorti du patrimoine du débiteur par un acte valable de transmission, le gage des créanciers, sur ce bien, est définitivement éteint, et ne peut être reconstitué par l'effet d'un second acte qui ne réagit nullement sur la validité du premier. Il n'en serait autrement que si la première vente n'avait été qu'un moyen concerté entre le *fraudator* et le deuxième acquéreur pour mieux dissimuler la fraude qu'ils préméditaient.

En principe, la complicité doit se trouver chez celui qui a traité avec le *fraudator*. Toutefois, quand le bénéficiaire de l'acte sera une autre personne que celle qui a traité avec le *fraudator*, il pourra en être autrement.

La loi 10, § 5, prévoit le cas où un *fraudator* contracte avec un tuteur; ce tuteur connaît la fraude, le pupille l'ignore. Les créanciers ont-ils l'action Paulienne contre le pupille? Oui, dit Ulpien, jusqu'à concurrence du profit retiré.

La loi 25, § 9, n. t., dit, au contraire, que si le *fraudator* a traité avec un *procurator*, de mauvaise foi, le *dominus* de bonne foi, ne sera pas soumis à la Paulienne. Mais cette loi 25, § 9, ne s'oppose pas, selon nous, à ce qu'on dise que le *dominus*, de même que le pupille, pourra être poursuivi jusqu'à concurrence de l'enrichissement.

### IV. *Des actes soumis à l'action Paulienne.*

*Ait prœtor :* « *quœ fraudationis causa, gesta erunt, de his actionem dabo* (l. 1, pr., n. t.). Tel est le principe, et Ulpien ajoute dans la loi 1, § 2, Dig., n. t. : « *Hœc verba generalia sunt et continent in se omnem omnimodo in fraudem factam vel alienationem, vel quemcumque contractum. Quodcumque igitur fraudis causa factum est videtur his verbis revocari, qualecumque fuerit, nam late ista verba patent.* »

Malgré la généralité des termes de l'édit et le commentaire d'Ulpien, on doit faire, parmi les actes frauduleux du débiteur, une distinction entre ceux par lesquels il diminue son patrimoine, et ceux par lesquels il néglige de l'augmenter. Les premiers seuls sont soumis à l'action Paulienne. Cette distinction est faite de la façon la plus nette par les lois 6 pr., n. t., et 134, Dig., *de regulis Juris*, 50, 17.

Le point de départ de cette distinction est assez rationnel : il est vrai que le patrimoine du débiteur est le gage des créanciers, mais ceux-ci n'ont pas dû compter sur les acquisitions futures qui ne sont pas dans le patrimoine et ne font pas partie de leur gage. Il eût été dangereux, d'un autre côté, de pousser le débiteur à des entreprises hasardeuses, en permettant aux créanciers de lui reprocher toutes les occasions d'augmenter son patrimoine qu'il a pu laisser échapper. Mais, si le principe se justifie facilement, les applications qui en ont été faites par les jurisconsultes romains, ne sont pas, comme nous le verrons, à l'abri de toute critique.

La distinction admise, nous avons à rechercher ce qu'il faut entendre par les actes qui diminuent le patrimoine et, ensuite, par les actes au moyen desquels le débiteur néglige seulement d'augmenter son patrimoine.

Les actes par lesquels le débiteur diminue son patrimoine peuvent consister en faits actifs ou en inactions.

*Faits actifs*. — Les textes de notre titre nous indiquent un assez grand nombre de faits par lesquels un débiteur diminue son patrimoine.

Ainsi, le débiteur (l. 1, § 2) *rem alienavit;* il a aliéné la chose. Le texte ne distingue pas entre l'aliénation à titre gratuit et l'aliénation à titre onéreux, car si le préjudice est certain dans le premier cas, il est probable dans le second; la complicité de l'acquéreur ne s'explique, en effet, que parce qu'il a acheté à vil prix.

A l'aliénation, nous assimilerons la *cessio in jure*, faite, par une personne, d'une hérédité qu'elle a acceptée. Cette opération peut causer un préjudice extrême aux créanciers du cédant. En effet, la propriété des objets corporels de la succession passe au cessionnaire. Quant aux créances, elles sont éteintes absolument; le cessionnaire n'en est pas investi, car elles sont incessibles; et le cédant, lui-même, ne peut plus les exercer, car il les a éteintes par l'abdication qu'il a faite de ses droits héréditaires devant le magistrat. Les créanciers du cédant pourront donc attaquer une pareille *cessio in jure,* si elle a été faite en fraude de leurs droits (l. 1, C., 7, 75; Gaius, II, § 35).

*Sive acceptilatione vel pacto aliquem liberavit vel ei præbuit exceptionem* (l. 1, § 2, l. 3, n. t.). Le débiteur se dépouille par une acceptilation ou un pacte, et diminue ainsi frauduleusement le gage de ses créanciers; il y aura lieu à l'action Paulienne (Cf. lois 17 pr., et 10, § 14, n. t.).

*Sive se obligavit, fraudandorum creditorum causâ* (l. 3 pr.; n. t.). Le patrimoine est, en effet, diminué par les nouvelles dettes qui ont pour résultat de réduire le dividende des créanciers.

S'il en est ainsi, il semble qu'on devrait admettre l'action Paulienne contre l'acceptation frauduleuse d'une succession insolvable : le débiteur diminue bien son patrimoine en augmentant le nombre de ses créanciers. Toutefois la loi 1, § 5, *De separationibus,* 42, 6, refuse l'action aux créanciers, décision qui ne peut s'expliquer que par l'importance que les Romains attachaient à l'acceptation d'une succession, et la difficulté avec laquelle ils admettaient la rescision d'un acte aussi grave

*Et si pignora liberet* (l. 2, n. t.) La remise frauduleuse d'une sûreté réelle, garantissant une créance du *fraudator*, peut constituer une diminution du patrimoine, car, si le débiteur auquel remise du gage a été consentie, est un insolvable, les créanciers subiront un préjudice et la remise du gage équivaudra, pour eux, à la remise de la créance : l'action Paulienne est donc recevable. Cela est confirmé par la loi 18, n. t., qui suppose la libération consentie par un mari à sa femme; il y aura lieu à l'action Paulienne, bien qu'une pareille libération ne doive pas être considérée comme une donation entre époux.

La décision de la loi 18 est une application de ce principe, qu'entre époux, il n'y a de donation qu'en vertu d'un acte produisant le double effet d'appauvrir le donateur et d'enrichir le donataire (l. 5, § 16, *De donat. inter virum et uxorem*). Or, dans l'hypothèse de la loi 18, l'un de ces deux effets indispensables pour constituer la donation, fait défaut; car si l'un des conjoints est appauvri, l'autre n'est pas enrichi.

Parmi les actes positifs qui peuvent tomber sous le coup de la Paulienne, il y en a un qui présente des difficultés : c'est le paiement fait à l'un des créanciers du débiteur en fraude des autres créanciers.

Des distinctions sont nécessaires pour trancher les difficultés qui se présentent.

**A.** Un débiteur, *integri statûs*, non dessaisi par une *missio in possessionem*, connût-il son insolvabilité, au moment du paiement, fait un paiement valable et inattaquable par l'action Paulienne, s'il ne le fait qu'à échéance.

Cette opinion a été contestée et deux théories opposées se sont produites.

On doit examiner, selon les uns, si le débiteur a payé *per gratificationem*, c'est-à-dire dans l'intention d'avantager le créancier qu'il désintéresse, au détriment de tous les autres; alors le paiement sera nul.

On invoque à l'appui de ce système la loi 6, §§ 1 et 2, *de rebus auct. jud. possid.* et la loi 24, n. t. Ces lois supposent un paiement fait à un créancier héréditaire par un pupille héritier sien qui obtient, ensuite, le bénéfice d'abstention. Ce paiement est-il révocable? Oui, répondent les jurisconsultes, s'il a été fait *per gratificationem*.

Mais ces textes prévoient une hypothèse qui n'est pas la nôtre. Il s'agit d'y déterminer la capacité du pupille héritier sien qui a payé un créancier avant de s'abstenir. Or la loi 6, § 1, *de reb. auct. jud.*, pose le principe que la capacité du pupille est alors limitée aux actes de bonne foi, et les §§ 2 et 3 de la même loi, invoquée contre nous, faisant application du principe ont bien pu annuler des actes, tels que des paiements *per gratificationem*, ne présentant pas les caractères d'une entière bonne foi, sans qu'on soit en droit de généraliser cette décision et de l'étendre à des cas non prévus par le texte.

Nous ferons observer, d'autre part, que le texte de Scévola (l. 24, n. t.) est plutôt favorable à notre opinion qu'à celle des contradicteurs. Après avoir examiné plusieurs hypothèses sous une forme interrogative : Le paiement a-t-il été fait *per gratificationem?* tous les créanciers ont-il demandé le paiement? a-t-il été offert par le débiteur ou extorqué par violence par le créancier? le jurisconsulte semble repousser toutes ces distinctions par cette fin de non-recevoir que pourra toujours opposer le créancier payé : « *Sed vigilavi, meliorem meam conditionem feci; jus civile vigilantibus scriptum est* ».

Les partisans d'un deuxième système proposent d'appliquer au paiement, *ante missionem*, d'une dette échue, les règles ordinaires de l'action Paulienne qui exigent une distinction entre le cas où le créancier est de bonne foi et celui où il est de mauvaise foi.

Ils invoquent, à l'appui de leur opinion : 1º les termes généraux de l'édit, 2º la loi 25, § 1, n. t., 3º la loi 96 pr., *de solutionibus*.

Il faut aussi repousser ce système.

L'argument tiré des termes de l'édit est exact d'une façon générale, mais ces termes souffrent des distinctions qui sont précisément l'objet de notre titre.

La loi 25, n. t., suppose une dot constituée par

un beau-père *fraudator*, et refuse l'action Paulienne contre le mari de bonne foi, *qui ignraverit,*
*non magis quam in creditorem qui a fraudatore*
*quod ei deberetur acceperit.* Le texte, dit-on, assimile le mari au créancier, or le mari est soumis à
l'action Paulienne, lorsqu'il est complice de la
fraude; donc il doit en être de même pour le
créancier.

Mais l'argument n'est pas concluant : on le
comprendrait, si le texte restreignait l'assimilation de la situation du mari de bonne foi à celle
du créancier de bonne foi ; mais c'est au créancier,
d'une façon générale, que le mari de bonne foi est
comparé, et il résulte bien plutôt du texte que, si
le mari doit avoir ignoré la fraude pour être à
l'abri de l'action Paulienne, le créancier n'a rien à
redouter par cela seul qu'il a reçu ce qui lui était
dû.

Quant à la loi 96 *De sol.*, elle est complètement
étrangère à notre question.

Nous persistons donc dans notre opinion, car le
paiement fait après échéance, et *ante missionem,*
d'une dette échue, est un acte nécessaire, pour le
créancier, forcé de recevoir, et pour le débiteur,
forcé de payer.

Nous validerons également le paiement fait,
dans les mêmes circonstances, d'une dette naturelle, car le créancier a encore reçu *suum*, et, plus
encore que le créancier d'une obligation civile, le
créancier d'une obligation naturelle, dépourvue

d'action, a intérêt à veiller à la sauvegarde de ses droits et à faire diligence.

Que décider si le débiteur a payé frauduleusement, *ante missionem*, une dette non échue ?

Dans ce cas nous admettons la Paulienne, car le créancier n'a pas reçu *suum*.

Mais qu'obtiendra-t-on par cette action? L'argent, montant du paiement ou seulement l'*interusurium*, l'intérêt que cet argent aurait rapporté à la masse, s'il n'en était pas sorti prématurément? L'intérêt seulement, croyons-nous, car les créanciers n'ont été fraudés que d'une production d'intérêts (l.l. 10, § 12 ; 17, §2, n. t.). Et il ne sera pas nécessaire, pour obtenir cet *interusurium*, de prouver la complicité du créancier, car, pour ce qu'il a reçu au détriment des autres créanciers, *certat de lucro captando* et il doit être traité comme un donataire.

Notre doctrine que le paiement antérieur à la *missio in possessionem*, doit, pour être valable, porter sur une dette échue, n'est-elle pas contredite par la loi 19, n. t. ? Un père, chargé de restituer à ses fils, à l'époque de sa mort, un fidéicommis laissé par la mère, émancipe le fils et lui restitue immédiatement les biens légués sans retenir la quarte Falcidie.

Cet acte semble devoir être soumis, à un double titre, à la critique des créanciers. Le père a, en effet, en négligeant de retenir la quarte, diminué son patrimoine, et il a, ensuite, gratifié l'enfant en lui faisant une restitution anticipée. Et cependant Papinien refuse l'action : ce qui domine dans cette restitution, dit-il, c'est l'accomplissement, par le mari, d'un devoir de conscience. Il s'est conformé à la volonté de la testatrice, en restituant tout le fidéicommis sans retenir la quarte, et il n'a pas davantage violé l'intention de la mère par une restitution anticipée, parce que, en fixant à la mort du mari l'époque de la restitution, la mère a voulu seulement indiquer que son fils ne pourrait rien exiger tant qu'il ne serait pas *sui juris*.

Si le paiement a été fait après le dessaisissement du débiteur, il faudrait décider que, même en dehors de toute preuve de fraude ou de connivence de la part du débiteur désintéressé, le paiement est nul, en tant qu'il excède le dividende afférent à chacun des créanciers (l. 6, § 7, n. t., cf. l. 10, § 16, *ibid.*).

C'est qu'en effet, une fois dessaisi, le débiteur ne peut plus faire aucun acte de disposition, au préjudice de ses créanciers, et qu'il n'a pu valablement disposer d'une chose qui devait se trouver aux mains du *curator*, chargé de l'administration de ses biens.

A côté du paiement, un autre genre de fraude très fréquent pour avantager un créancier au détriment des autres, résulte de la constitution d'un gage ou d'une hypothèque.

Cette constitution d'une sûreté réelle va-t-elle tomber sous le coup de l'action Paulienne ?

Les Romains ont distingué : si la sûreté réelle a pris naissance en même temps que l'obligation garantie, il y a un tout indivisible, en sorte que la sûreté réelle suivra le sort de l'obligation principale. Si cette dernière peut être attaquée par l'action Paulienne, la sûreté réelle pourra l'être du même coup, mais non séparément.

Si, au contraire, la sûreté réelle a été constituée pour une obligation préexistante « *in vetus creditum* », elle constitue un acte indépendant, pouvant tomber sous le coup de l'action Paulienne, d'autant plus que cet acte est considéré et doit être traité comme un acte à titre gratuit.

Cette distinction est rationnelle : si la sûreté réelle est contemporaine de l'obligation principale, on ne peut, sans injustice, maintenir un contrat et annuler la garantie qui était une des conditions de ce contrat. S'il y a fraude ; c'est dans l'obligation garantie ; alors tout sera annulé ; l'obligation et la sûreté réelle ; sinon, tout sera maintenu.

Il en est autrement dans le second cas. La fraude peut, en effet, résider uniquement dans la constitution d'une sûreté réelle *in vetus creditum*, et alors on annulera cette sûreté seulement.

B. *Inactions.* — De même que les actions, les simples négligences du débiteur peuvent donner lieu à l'exercice de l'action Paulienne. « *In fraudem facere videri eum qui non facit quod debet facere intelligendum est* ». (l. 4, n. t.)

Ce texte est développé par la loi 13, § 1, où on lit : « Gesta fraudationis causa accipere debemus non solum ea quæ contrahens gesserit aliquis, verumetiam si forte data opera ad judicium non adfuit, vel litem mori patiatur, vel a debitore non petit ut a tempore liberetur, aut usumfructum vel servitutem amittit ».

*Ad judicium non adfuit.* Le *fraudator*, après avoir comparu *in jure*, fait défaut *in judicio*, alors qu'il aurait pu opposer des moyens de défense décisifs.

*Litem mori patiatur.* Le *fraudator*, demandeur, au lieu de poursuivre la condamnation du défendeur, laisse périmer l'instance par dix-huit mois ou un an, et perd ainsi le droit qu'il avait déduit *in judicium.*

*A debitore non petit.* Le débiteur n'avait qu'une action prétorienne, et il la laisse éteindre frauduleusement.

*Usumfructum aut servitutem amittit.* Il laisse éteindre un droit d'usufruit ou de servitude par le non-usage (Cf. l. 28, Dig., *De verb. signif.*).

A ces hypothèses ajoutons celle où le débiteur a laissé usucaper sa chose (l. 28, Dig., *De verb. signif.*) ou a laissé un tiers s'en emparer par occupation (l. 4, n. t.).

*Application et critique de la règle que l'action Paulienne
n'atteint pas les actes par lesquels le débiteur néglige d'acquérir.*

Plusieurs textes font application de cette règle.
L. 6 pr., n. t., l. 134, *De reg. juris.*, 50, 17, l. 28,
*de verb. sign.*, 50, 16.

Le débiteur, dit la loi 6, § 1, n. t., n'a fait que
négliger d'acquérir, s'il était créancier conditionnel
et qu'il n'ait pas accompli la condition de la stipulation. On peut soutenir, en effet, que dans ce cas,
il n'y a pas, à proprement parler, de droit acquis,
mais une simple espérance : *spes est tantum debitum iri.*

La loi 6, § 2, n. t., refuse encore l'action Paulienne aux créanciers de l'héritier externe qui ré-
pudie une succession. Il n'y a pas encore de droit
acquis avant l'adition; et l'héritier ne fait que négliger une occasion de s'enrichir sans s'appauvrir.
Les §§ 3 et 5 de la même loi développent cette solution, en refusant l'action Paulienne contre l'é-
mancipation d'un fils ou l'aliénation d'un esclave
institués héritiers, effectuées par le débiteur, dans
le but de permettre au fils ou au maître de l'esclave
de faire adition en leur propre nom. Ulpien en
donne cette raison que le *fraudator* aurait pu,
sans redouter l'action Paulienne, répudier l'hérédité, et qu'il lui est permis de faire indirectement
ce qu'il pouvait faire directement.

La solution romaine relativement à la répudia·
tion d'une succession n'a pas été adoptée par notre Code Civil, art. 787 C. civ.).

Quelle est la raison de cette différence ?

Ce n'est pas, selon nous, que notre Code ait
abandonné la distinction romaine entre les actes
par lesquels le débiteur diminue son patrimoine
et ceux par lesquels il manque de s'enrichir.

Nous ne pensons pas, non plus, que la circonstance que l'héritier est, dans notre droit, saisi de
plein droit, tandis qu'à Rome il n'avait de droit
qu'après l'adition, soit une raison d'expliquer
les solutions différentes des deux législations, car,
de même que l'héritier saisi du droit français, le
légataire *per vindicationem*, selon le principe qui
a prévalu (Gaius, C. II, § 195; loi 80, Dig.; *De le-
gatis*, 2°-31) et l'héritier sien et nécessaire étaient in-
vestis de droits immédiats, résolubles sous la condition de la renonciation du légataire ou de l'abstention de l'héritier et cependant la répudiation
et l'abstention échappaient à l'action Paulienne.

La raison de la divergence paraît résulter de la
manière différente dont les jurisconsultes romains
et les rédacteurs du Code Civil ont envisagé les
droits acquis. Les uns et les autres admettent que
le débiteur ne peut frauduleusement renoncer, au
préjudice de ses créanciers, aux droits acquis. Mais
qu'est-ce qu'un droit acquis? Pour les juriscon·
sultes romains, c'était celui dont l'existence, dans
le patrimoine, était absolument indépendante,

tant de la volonté du créancier ou titulaire que de la volonté des tiers. Chez nous, au contraire, un droit est acquis par cela seul qu'il ne dépend pas de la volonté d'un tiers, encore que le créancier ou titulaire ait la faculté de s'en dépouiller par une manifestation de volonté.

Nous préférons la théorie de notre Code à la théorie romaine, et il semble que les Romains eux-mêmes aient senti le vice de leur distinction; nous verrons, en effet, dans le §2 de la loi 67 *ad s.c. Trebell.*, 36, 1, les jurisconsultes entrer dans une voie dans laquelle ils auraient pu aller plus loin.

Outre la répudiation d'une succession ou d'un legs, les textes donnent d'autres exemples d'actes échappant à l'action Paulienne, par suite des idées que nous venons d'exposer.

C'est d'abord la renonciation à la quarte Pégasienne par un *fraudator* institué héritier, et restituant l'intégralité d'un fidéicommis dont il est grevé (l. 20, n. t.) : Callistrate, auteur de cette loi, refuse l'action.

Pourquoi? Le *fraudator*, a-t-on dit, pouvait ne pas faire adition, on ne peut donc critiquer la restitution d'une partie alors qu'il pouvait refuser le tout.

Mais la raison n'est pas très concluante; car si le *fraudator* était maître d'acquérir, le bien une fois acquis devenait aussitôt le gage de ses créanciers. La vraie raison est exprimée par le texte : *fideliter fecit;* il s'est conformé au vœu du défunt, en renonçant à la faveur qui lui est offerte par le sénatus-consulte Pégasien.

La loi 67, §§ 1 et 2 *ad s.c. Trebell.*, 36, 1, prévoit deux hypothèses analogues, où l'héritier grevé du fidéicommis renonce, indirectement, au bénéfice de la quarte Pégasienne, en ne faisant adition que sur l'ordre du préteur. Le § 1 suppose un héritier externe; le § 2, un héritier sien. Ces deux héritiers prétendent que l'hérédité est suspecte, et ne l'acceptent que pour la restituer. Pour l'héritier externe, Valens déclare d'une façon absolue, qu'il n'y a pas lieu à l'action Paulienne; cet acte est traité comme un de ceux par lesquels le débiteur ne fait que manquer d'acquérir. Pour l'héritier sien, Valens hésite davantage; c'est à peine si, en principe, il accorde l'interdit fraudatoire, et il prend soin d'ajouter : « nisi forte proprii creditores filii audiri debeant, si postulent ut dimissis patris ejus bona vendere sibi permittatur. »

C'est-à-dire que les créanciers du fils du *fraudator* pourront demander qu'il leur soit permis de vendre les biens du défunt, après désintéressement des créanciers héréditaires, et d'obtenir ainsi la quarte à laquelle le débiteur avait droit.

Cette solution paraît bien battre en brèche la théorie des Romains sur les droits acquis.

Il s'agit, il est vrai, d'un héritier sien, et le droit à la succession paternelle s'est fixé sur sa tête au jour du décès, mais cette considération ne suffisait pas, aux yeux des Romains, pour constituer un droit acquis. Les jurisconsultes ont fait fléchir le principe de leur distinction; ils ont considéré, sans doute, que le créancier, qui a traité avec un fils de famille, avait dû compter sur les droits de celui-ci dans le patrimoine commun de la famille.

### V. *Des effets de l'action Paulienne.*

Il nous reste à examiner quels seront les effets de l'action Paulienne, à supposer que cette action ait été régulièrement intentée, par une personne ayant qualité.

Le juge a constaté la complicité ou l'enrichissement du défendeur. Que va-t-il faire ? Quelle condamnation va-t-il prononcer ?

Remarquons, d'abord, que l'acte qui a été fait par le *fraudator* est valable en lui-même. L'action Paulienne est une action personnelle qui ne suppose pas la nullité de cet acte, et lorsque les créanciers ont pris la voie de l'action Paulienne et non celle de la *restitutio in integrum*, l'acte frauduleux n'est même pas annulable, et il ne peut pas, à proprement parler, être rescindé.

Comment donc peut-il disparaître ? Par quel procédé l'action va-t-elle atteindre son but, qui est de remédier à la fraude du débiteur, et de remettre les créanciers dans la position où ils se trouvaient avant l'acte frauduleux ? (L. 10, § 22.)

Par un rétablissement volontaire des choses dans leur état primitif, et c'est ce que le juge ordonne au défendeur de faire.

Par exemple, si le *fraudator* a fait une aliénation frauduleuse, l'acquéreur devra retransférer la propriété ; s'il a promis *in fraudem creditorum*, le stipulant lui fera une acceptilation ; s'il a fait une acceptilation, le tiers libéré se reconstituera débiteur (l. 4, Dig., n. t.).

Mais cette restitution ne peut s'opérer que par un acte volontaire du tiers défendeur à l'action Paulienne. — Ce n'est même pas assez que le tiers veuille faire cette restitution, il faut encore qu'il le puisse, c'est-à-dire qu'il soit capable de disposer de ses biens, et ne soit pas, lui-même, sous le coup d'une *missio in possessionem.*

Supposons que le défendeur ne veuille ou ne puisse restituer ; que va-t-il se passer ?

Alors, comme l'*arbitrium judicis* ne peut s'exécuter *manu militari*, puisqu'il s'agit d'un fait dépendant de la volonté personnelle du défendeur, les créanciers n'auront que la ressource du *juramentum in litem,* pour obtenir, sur leur serment, une condamnation pécuniaire.

Mais si un défendeur, *integri status*, consent à remettre les choses dans l'état où elles étaient avant l'acte frauduleux, quelle sera la mesure de la restitution ?

Il peut d'abord s'agir d'une aliénation frauduleuse.

Dans ce cas, le défenseur, disposé à exécuter l'*arbitrium judicis,* devra retransférer la propriété de la chose frauduleusement aliénée, ainsi que tous les accessoires et dépendances « *Res restitui debet cum suâ scilicet causâ* (1. 10, § 19). Il faut, en effet, remettre les créanciers dans la position qu'ils auraient, si l'acte frauduleux n'avait pas eu lieu. Or, s'il n'avait pas eu lieu, les produits et accessoires de la chose eussent augmenté le patrimoine du débiteur et le gage des créanciers.

Parmi les accessoires que doit comprendre la restitution se trouvent les fruits de la chose, auxquels les jurisconsultes romains ont consacré plusieurs textes :

1° Les *fructus terræ cohærentes*, au moment de l'aliénation, doivent être restitués *quia in bonis fraudatoris fuerunt.*

2° Les fruits perçus *post inchoatum judicium* doivent également être restitués, parce que la résistance injuste du défendeur ne doit pas nuire au demandeur.

3° Enfin les fruits perçus *medio tempore*, c'est-à-dire *non terræ cohærentes* au moment de l'aliénation et perçus *ante inchoatum judicium* (c'est-à-dire avant la *litis contestatio*), ne sont pas restitués.

On s'est demandé si la règle qui dispense de la restitution des fruits *medio tempore*, s'applique au possesseur de mauvaise foi, de même qu'au possesseur de bonne foi.

On a soutenu que cette règle ne s'appliquait qu'au possesseur de bonne foi ; le possesseur de mauvaise foi devant, au contraire, rendre tous les fruits, même ceux qui ont été perçus *medio tem-*

*pore.* On prétend qu'il n'y a aucune raison de déroger au droit commun qui soumet le possesseur
de mauvaise foi à la restitution de tous les fruits,
et que ce serait une dérogation assez bizarre, puisqu'elle aboutirait à améliorer la situation de droit
commun du possesseur de mauvaise foi, tandis
que celle du possesseur de bonne foi est rendue plus
mauvaise par l'obligation de rendre les fruits *terrœ
cohœrentes.*

On argumente, dans ce sens, de la loi 38, § 4, *de
usuris,* qui est générale, et oblige le défendeur à
l'action Paulienne à la restitution de tous les
fruits, et de la loi 10, § 20, n. t., qui impose clairement au possesseur de mauvaise foi l'obligation
de restituer tous les fruits.

Nous croyons, malgré ces arguments, qu'il n'y
a pas lieu d'imposer au possesseur de mauvaise
foi l'obligation de restituer les fruits perçus *medio tempore.*

La loi 25, § 4, n. t., ne fait, en effet, aucune distinction ; et il n'y avait pas à distinguer. Quelle est,
en effet, la raison de dispenser le défendeur de
restituer les fruits perçus *medio tempore ?* La loi
nous le dit à propos du *partus ancillœ medio tempore editus,* qu'elle assimile exceptionnellement
aux fruits et dont elle impose la restitution *quia
in bonis non fuerit.* Les jurisconsultes romains es-
timaient donc que l'action Paulienne ne pouvant
atteindre que les actes diminuant le patrimoine,
les fruits perçus *medio tempore,* qui n'avaient

jamais fait partie du patrimoine, devaient échapper à cette action. Si telle est la théorie romaine, qu'on peut critiquer, mais non pas contester, il n'y a pas à distinguer pour les fruits perçus *medio tempore*, entre le possesseur de bonne foi et le possesseur de mauvaise foi : dans les deux cas, en effet, le même motif de repousser l'action se reproduit : « *quia in bonis non fuerunt* ».

On objecte que c'est faire ainsi une faveur injustifiable au possesseur de mauvaise foi, alors surtout qu'on traite si rigoureusement le possesseur de bonne foi. Nous répondrons qu'il n'y a pas là faveur, mais application exacte des principes de l'action Paulienne.

On oppose aussi la loi 38, § 4, *de usuris*, et la loi 10, § 20, n. t.

La première de ces lois oblige le défendeur à la restitution de tous les fruits. Cela est vrai, mais alors la loi 38, *de usuris*, est en contradiction avec la loi 25, § 4, n. t., et il semble qu'il faille plutôt chercher les règles relatives à la restitution des fruits dans le texte qui a été spécialement écrit pour régler avec détail cette restitution que dans un texte qui ne s'exprime que d'une façon générale. — On est obligé de reconnaître, du reste, que sur un point, tout au moins, la loi 38, § 4, est trop générale, puisqu'elle oblige à restituer tous les fruits sans distinguer entre le possesseur de bonne ou de mauvaise foi ; or, il n'est pas douteux que le possesseur de bonne foi ne restitue pas les fruits *terræ cohærentes*.

Quant à la loi 10, § 20, elle ne s'applique pas exclusivement au possesseur de mauvaise foi, comme on l'a prétendu, mais aussi au possesseur de bonne foi pour les fruits perçus depuis la *litis contestatio*. Elle veut dire que, lorsqu'il y aura lieu à une restitution de fruits, on devra tout rendre, *tam fructus perceptos quam percipiendos*; mais quand devra-t-on faire cette restitution ? Ce sont les principes de l'action Paulienne qui nous l'apprendront.

On a proposé une autre explication, et on a essayé d'éviter la contradiction, en disant que les textes imposant l'obligation de restituer tous les fruits s'appliquaient à l'action (l. 10, § 20; 38, § 4, *de usuris*), tandis que la loi 25, § 4, concernait l'interdit fraudatoire, comme le prouvait la rubrique de cette loi.

Cette explication ne fait que nous donner l'origine de la difficulté qui nous occupe. La contradiction n'a probablement pas, en effet, toujours existé, mais elle a pris naissance du jour où on a étendu à l'action Paulienne la règle de la loi 25, § 4, empruntée à la procédure de l'interdit fraudatoire.

Le défendeur n'est, du reste, tenu de restituer les fruits que déduction faite des impenses nécessaires qu'il a faites spontanément, ou même des dépenses simplement utiles ou voluptuaires qu'il

aurait faites avec l'assentiment des créanciers
(l. 10, § 20, n. t.).

L'acquéreur à titre onéreux ne pouvait pas exiger que le prix de son acquisition qu'il a payé au débiteur *fraudator* lui fût restitué sur la valeur de la chose (l.l. 7 et 8, n. t.), à moins que les deniers ne se retrouvassent, en nature, dans le patrimoine du *fraudator*.

**Si** le débiteur a fait remise d'un droit qu'il avait, par pacte *de non petendo* ou par acceptilation, le débiteur libéré devra se reconstituer débiteur *jussu judicis*. L'obligation renaîtra alors avec les mêmes modalités qui l'affectaient avant l'extinction frauduleuse, et sera, suivant les cas, conditionnelle ou à terme (l. 10, 1, § 23, n. t.); de même si la dette était productive d'intérêts conventionnellement ou naturellement (l. 10, § 22) on devra rendre tous les intérêts qui auraient couru si elle n'eût pas été éteinte.

Mais comment expliquer que les créanciers qui ne peuvent réclamer tous les fruits puissent réclamer tous les intérêts courus depuis l'aliénation ? C'est que, dit Pothier (n° 35, note 1, *ad not. tit.*), les créanciers ne peuvent réclamer que ce que le *fraudator* a aliéné ; or les fruits perçus après l'aliénation n'étaient pas encore nés, tandis que la créance d'intérêts, fût-elle à terme, n'existait pas moins dans son patrimoine, et il a pu l'aliéner. Il faut reconnaître que cette explication est assez peu satisfaisante.

Si, au lieu de consentir une aliénation ou une libération, le *fraudator* s'est frauduleusement obligé envers des tiers, ces derniers devront faire acceptilation ; sinon le préteur leur refusera l'action ou accordera contre eux une exception de dol.

Dans les rapports du *fraudator* avec le tiers contre lequel l'action Paulienne a réussi, l'acte est valable par lui-même ; seulement il ne peut pas nuire aux créanciers fraudés. On peut en conclure que l'excédant du prix de la chose, une fois les créanciers payés, appartiendra au défendeur, et que ce dernier aura une action en garantie contre le *fraudator*, s'il est acquéreur à titre onéreux.

Dans les rapports des créanciers entre eux, l'exercice de l'action Paulienne ne constitue aucun droit de préférence au profit de ceux qui l'ont exercé. Le *curator*, agissant au nom de la masse, communique à la masse entière le bénéfice de l'action. Les créanciers postérieurs à l'acte frauduleux, incapables d'intenter l'action Paulienne, en profiteront donc indirectement. La loi 10, § 8, n. t., ne laisse aucun doute à ce sujet : Le créancier fraudé payé, l'action est-elle éteinte? Oui, répond Ulpien ; et il est clair que la question ne se serait pas posée si le bénéfice de l'action ne devait appartenir qu'à ce créancier fraudé.

# DROIT FRANÇAIS

## DES EFFETS DU JUGEMENT D'ADJUDICATION
### APRÈS SURENCHÈRE DU DIXIÈME SUR ALIÉNATION VOLONTAIRE

## CHAPITRE PREMIER

L'acquéreur d'un immeuble hypothéqué est soumis, comme détenteur du gage hypothécaire, à la poursuite des créanciers inscrits sur cet immeuble (art. 2166 C. civ.).

En présence de cette poursuite, l'acquéreur a le choix entre différents partis : s'il ne veut ou ne peut pas payer les dettes hypothécaires intégralement (art. 2167) ou jusqu'à concurrence de son prix d'acquisition; s'il ne veut ou ne peut pas faire écarter provisoirement la poursuite hypothécaire en invoquant le bénéfice de discussion (art. 2170) il peut, à son choix, délaisser, se laisser exproprier ou purger.

Dans ces trois hypothèses, la poursuite hypothécaire pourra aboutir à une vente aux enchères et à un jugement d'adjudication prononcé soit en faveur d'une personne autre que le tiers acquéreur, soit en faveur de cet acquéreur lui-même.

Lorsque l'adjudicataire est un étranger, on peut se demander quels sont sur la propriété de l'acquéreur qui délaisse, se laisse exproprier ou purge, les effets du jugement d'adjudication. Est-ce une résolution? L'acquéreur n'a-t-il jamais été propriétaire, ou a-t-il seulement cessé de l'être?

Si le tiers détenteur a délaissé, il est certain que notre loi ne considère pas le jugement d'adjudication, prononcé en faveur d'un étranger, comme une cause de résolution du titre de l'acquéreur délaissant.

Ainsi, si l'adjudication produit une somme supérieure à celle qui est nécessaire pour désintéresser les créanciers hypothécaires, le délaissant a droit à l'excédant (art. 2177 C. civ.).

De même le tiers détenteur qui a délaissé, pourra, jusqu'à la transcription du jugement d'adjudication, grever l'immeuble d'hypothèques qui s'exerceront après celles inscrites du chef des précédents propriétaires, à condition qu'elles aient été elles-mêmes inscrites avant la transcription du jugement d'adjudication.

De même encore, le tiers détenteur qui délaisse et se trouve dépouillé du bénéfice de son acquisition par un jugement d'adjudication prononcé en faveur d'un étranger peut, en vertu de l'art. 2178 Civ. exercer un recours en garantie contre le débiteur principal de la dette, que la loi suppose, comme il arrive le plus souvent, être en même temps, l'auteur dont le tiers détenteur tient ses droits. Cette action en garantie suppose nécessairement une éviction, et non pas une résolution du droit du tiers détenteur.

Si, au lieu de délaisser, le tiers détenteur prend le parti de se laisser exproprier, les effets du jugement d'adjudication, prononcé au profit d'un étranger, qui consommera les poursuites des créanciers, ne sont pas douteux non plus. La situation du tiers détenteur qui se laisse exproprier est, en effet, assimilée par les art. 2177 et 2178 à celle du tiers détenteur qui délaisse; et, par conséquent, on peut en conclure que le jugement d'adjudication prononcé en faveur d'un étranger, à la suite de la saisie pratiquée par les créanciers hypothécaires, n'opère pas la résolution du droit du saisi, puisque les créanciers de ce dernier auront des droits éventuels sur l'immeuble saisi (art. 2177, 2ᵉ al.), puisque le saisi lui-même aura un recours en garantie contre son auteur (art. 2178), conséquences qu'il est impossible d'admettre avec l'idée de résolution.

Si on suppose, maintenant, que le tiers détenteur a choisi le troisième moyen qui lui était offert de se soustraire à la poursuite hypothécaire il mettra les créanciers en demeure d'accepter le prix qu'il leur offre ou de poursuivre la vente aux enchères de l'immeuble, en s'engageant à faire porter le prix à un dixième au moins en sus, et il leur signifiera, en même temps, tous les documents nécessaires pour leur permettre de se décider en connaissance de cause.

La vente de l'immeuble aux enchères que les créanciers poursuivront, s'ils refusent les offres du tiers détenteur, se terminera par un jugement d'adjudication en faveur d'un étranger, ou en faveur du tiers détenteur.

Doit-on dire que le jugement d'adjudication prononcé en faveur d'un étranger, aura pour effet de résoudre, envers et contre tous, le contrat d'aliénation volontaire ; que le tiers détenteur surenchéri doit être considéré comme n'ayant jamais été propriétaire de l'immeuble et que l'adjudicataire tient directement ses droits de l'aliénateur primitif ?

Doit-on dire, au contraire, que les effets de ce jugement d'adjudication seront les mêmes que ceux des jugements d'adjudication après délaissement ou après saisie, c'est-à-dire que le contrat primitif d'aliénation subsistera avec toutes ses conséquences, et qu'il faudra considérer l'adjudicataire comme tenant ses droits de l'acquéreur surenchéri ?

Nous croyons qu'il n'y a pas à distinguer entre les évènements qui dépouillent le tiers détenteur. Dans le cas d'adjudication après surenchère du dixième, en cas de purge, comme dans le cas d'adjudication après délaissement ou sur saisie pratiquée contre lui, le tiers détenteur ne fait que subir une éviction par suite de l'exercice de l'action

hypothécaire ; or une éviction n'est pas une résolution. La surenchère du dixième n'est, en effet,
que l'exercice de ce même droit de suite, en vertu
duquel les créanciers hypothécaires eussent pu
poursuivre, sous une autre forme, l'adjudication
de l'immeuble sur un curateur au délaissement ou
sur le tiers détenteur lui-même. Une simple différence de procédure ne peut modifier les résultats
de l'exercice d'un seul et même droit. Il n'y a donc
aucune raison de distinguer, et il faut assimiler
les effets du jugement d'adjudication sur surenchère du dixième à ceux du jugement d'adjudication sur délaissement et sur saisie. Cette assimilation est indiquée par la loi elle-même ; d'une
part, en effet, l'art. 2187 décide que la revente sur
surenchère du dixième aura lieu dans les formes
établies pour les expropriations forcées ; de l'autre,
l'art. 838 Proc. assimile, par un renvoi à l'art. 717
Proc., les effets de l'adjudication sur surenchère
du dixième à ceux de l'adjudication sur expropriation forcée. La surenchère du dixième n'est, en
effet, pas autre chose qu'une forme particulière de
saisie pratiquée par les créanciers hypothécaires.
Si le tiers détenteur ne purge pas, il y aura saisie
ordinaire ; s'il purge, et que ses offres soient re-
poussées, il y aura lieu à une saisie spéciale, soumise à des conditions particulières, mais qui ne
peut aboutir à des effets opposés à ceux de la saisie
ordinaire par cela seul qu'elle est soumise à des
conditions plus rigoureuses. Or, il est certain que

la saisie pratiquée sur un tiers détenteur ne résout
pas la propriété de ce tiers détenteur qui est maintenu dans sa propriété jusqu'au jugement d'adjudication.

La circonstance que l'immeuble vendu est
grevé d'hypothèques n'est pas de nature à constituer, par elle-même, une condition résolutoire qui,
au cas d'exercice du droit hypothécaire, entraî-
nerait, nécessairement et de plein droit, l'anéan-
tissement absolu de la vente. Pour que les hypothèques produisissent un pareil effet, il faudrait une
stipulation expresse de l'acte ou une disposition
de la loi. Or, nous supposons que l'acquéreur surenchéri est devenu propriétaire de l'immeuble
par un contrat pur et simple, et l'art. 1184 du
Code civil n'admet qu'une seule condition résolutoire tacite et n'autorise le juge à prononcer la résolution du contrat qu'en faveur de celle des parties qui souffre de son inexécution. Tel n'est pas
le cas ici; puisque le tiers détenteur, qui souffre
de l'inexécution du contrat, demande l'exécution
et non la résolution de ce contrat.

Lors donc que la poursuite hypothécaire suit
son cours jusqu'au bout, et détermine, après le
refus des offres de l'acquéreur, la réquisition de
la mise de l'immeuble aux enchères et l'adjudication, il arrive que deux transmissions de propriété
du même immeuble se superposent, l'une résultant de la vente, l'autre de l'adjudication, mais
jamais l'adjudication n'efface absolument la vente

et c'est bien la chose de l'acquéreur surenchéri qui est transmise à l'adjudicataire.

Notre système est, du reste, en harmonie avec le but de l'institution de la purge des hypothèques qui a été de consolider les acquisitions, pour faciliter la circulation des biens et la transmission de la propriété. Ce but est, au contraire, manqué dans le système de la résolution, car on ne consolidera guère un droit en frappant sa transmission d'une menace de résolution. La purge sera donc évitée plutôt que recherchée par les tiers détenteurs, si elle doit amener la résolution de leur droit. Ils préféreront la voie du délaissement ou de l'expropriation forcée qui leur épargnera les ennuis que leur causerait la procédure de purge, et leur permettra de conserver, avec la propriété de l'immeuble jusqu'à l'adjudication, et la faculté de consentir des hypothèques jusqu'à la transcription du jugement d'adjudication, le droit aux fruits intérimaires et l'excédant du prix sur les créances inscrites. Quelle raison auraient-ils, en effet, de prendre la voie de la purge, à moins de leur supposer cet intérêt inavouable qui trouverait, dans le système de la résolution, une scandaleuse satisfaction, de faire évanouir les sûretés par eux consenties à leurs propres créanciers? Il n'est pas possible que la loi ait sanctionné un système favorisant la mauvaise foi ou la négligence de l'aliénateur primitif, qui n'aurait qu'à ne pas payer ses créanciers hypothécaires pour se ménager, si c'est un vendeur, la faculté de résoudre un contrat pur et simple, ou s'il est donateur, un moyen commode de révoquer une donation, malgré l'art. 894 Civ.

Le système que nous venons d'exposer est combattu par une partie considérable de la doctrine et par une jurisprudence unanime. (Troplong, *Priv. et hyp.*, n° 963 et seq. Petit, *Surenchère*, p. 583. Cassation, 15 décembre 1862. Sirey, 1863, 1, 17.)

Pour se refuser à consacrer l'assimilation que les principes imposent, suivant nous, entre la situation de l'acquéreur qui délaisse ou est exproprié et celle de l'acquéreur qui purge et est surenchéri, les partisans du système radicalement opposé au nôtre, prétendent, avec la Cour de cassation, que les raisons de distinguer les deux situations ne font pas défaut.

La loi reconnaît, selon la Cour de cassation, aux créanciers hypothécaires, pour la réalisation de leur gage se trouvant aux mains d'un tiers détenteur, deux actions créées pour deux situations différentes : l'une, conséquence du droit de suite, s'attaque directement au tiers détenteur et laisse subsister le contrat d'aliénation originaire ; l'autre s'exerce sous la forme d'une aliénation sur surenchère du dixième, et permet au créancier qui a repoussé les offres, de protester contre une aliénation qu'on lui demande de ratifier (Cpr. Troplong, n° 963), et de demander ainsi qu'il y ait substitution d'un autre contrat au contrat primitif qu'il n'accepte pas (cass., 15 décembre 1862. Sirey, 1863. 1.17).

Ainsi, pour la Cour de cassation, la raison de distinguer est la suivante : quand il y a délaissement ou saisie, on comprend qu'il n'y ait pas résolution, les créanciers hypothécaires ayant reconnu à l'acquéreur primitif le titre de propriétaire en agissant contre lui; tandis qu'en cas de purge, les créanciers protestent contre le contrat qu'on leur demande de ratifier. De ces prémisses, la Cour conclut que l'action des créanciers a pour but et doit avoir pour résultat nécessaire de faire tomber le titre du tiers détenteur, et de lui substituer un nouveau contrat qui fera passer, sans intermédiaire, la propriété des mains de l'aliénateur primitif aux mains de l'adjudicataire.

Il est impossible d'accepter cette théorie. La Cour de cassation admet que la résolution résulte de la protestation des créanciers : mais y aurait-il donc résolution si ces mêmes créanciers s'avisaient de protester aussi contre l'aliénation volontaire de l'immeuble délaissé ou saisi? La Cour ne le soutiendrait pas, et, cependant, la protestation n'est pas plus étrange dans un cas que dans l'autre. Ce prétendu droit de protestation n'est écrit nulle part dans la loi, par la bonne raison qu'il serait inexplicable, et tout à fait inutile aux créanciers hypothécaires. Il serait inexplicable, car l'hypothèque ne faisant pas obstacle à l'aliénation de l'immeuble hypothéqué, on ne comprendrait pas que le tiers détenteur vînt demander aux créanciers hypothécaires la ratification de son contrat d'acquisition. Que les créanciers hypothécaires le veuillent ou non, l'aliénation est parfaitement valable; toute approbation ou protestation de leur part est également superflue. Tout ce qu'ils peuvent faire, c'est de refuser de dégager l'immeuble des hypothèques qui le grèvent moyennant le prix qui leur est offert à cet effet; il ont le droit de protester contre un prix qui leur paraît n'être qu'une représentation insuffisante de leur gage, et d'exercer ensuite la surenchère qui est leur garantie contre les aliénations à vil prix. Mais une telle protestation ne saurait avoir pour résultat d'effacer le contrat qui est plutôt l'occasion que l'objet de la critique des créanciers.

Le prétendu droit de protestation serait, de plus, tout à fait inutile aux créanciers.

Ces créanciers hypothécaires, pouvant, en effet, suivre l'immeuble hypothéqué en quelques mains qu'il passe, il est évident que la résolution de l'aliénation volontaire consentie par celui qui a constitué l'hypothèque, serait, pour eux, sans utilité comme sans objet.

L'exercice de leur droit de suite pourra, il est vrai, se trouver entravé par suite de l'aliénation volontaire; en raison de la nécessité de surenchérir du dixième. Mais c'est là une condition de

l'exercice de leur droit dont le système de la résolution, lui-même, ne réussirait pas à leur épargner
la rigueur, car, dans ce système, ainsi que nous
l'avons dit, la résolution ne résulte que de la protestation des créanciers, et cette protestation se
manifeste précisément par la surenchère du
dixième.

Il est bien certain, d'autre part, que les droits
nés sur l'immeuble du chef du tiers détenteur ne
leur sont pas préjudiciables, puisque les ayants
cause de ce tiers détenteur doivent nécessairement
subir les conséquences de ces mêmes droits hypothécaires qui diminuaient la propriété de leur auteur.

Les intérêts des créanciers hypothécaires ne
seraient donc pas mieux sauvegardés par le système de la résolution que par l'application des
principes de droit commun de notre régime hypothécaire.

D'ailleurs, dans le système que nous combattons, si l'on admet que la résolution résulte de la
protestation des créanciers hypothécaires, il faut
admettre qu'il y aura résolution par le seul fait de
la protestation, quels que soient les résultats de
l'adjudication, que ce soit un tiers ou l'acquéreur
surenchéri lui-même qui reste adjudicataire.
Comment alors expliquer l'art. 2189 du Code civil
qui dispense le tiers surenchéri de transcrire le
jugement par lequel il est resté adjudicataire?
Cela se conçoit, si ce jugement n'est que confirma-

tif et non translatif de propriété; mais si, comme il faut le dire, dans le système de la résolution, l'adjudicataire n'a pas d'autre titre que le jugement d'adjudication, si le contrat primitif est détruit, pourquoi dispenser de transcrire, dans ces conditions, et ne pas appliquer la règle de l'art. 3 de la loi du 23 mars 1855?

Après avoir essayé de donner à leur théorie une base juridique tirée du droit de protestation ouvert aux créanciers hypothécaires, les partisans de la résolution nous opposent d'autres arguments.

Ils invoquent d'abord l'analogie qui existerait entre la surenchère du dixième, après aliénation volontaire, et les surenchères du sixième après expropriation forcée, et du dixième après adjudication des immeubles du failli sur la poursuite des syndics (708, 709 Pr.; 573 Co.). Dans ces deux derniers cas, disent-ils, l'adjudicataire est censé tenir ses droits du saisi ou du failli; la première aliénation est résolue; il doit donc en être de même ici. Mais on ne peut, à notre avis, raisonner ainsi et conclure d'une identité de nom à une identité d'effets. Les situations sont, en effet, tout à fait différentes. Les surenchères des art. 708 Proc. et 573 Co. ne sont que la continuation d'une première adjudication qui n'était pas définitive. Le précédent acquéreur n'était propriétaire que sous la condition résolutoire d'une surenchère faite dans les conditions indiquées par les textes et ouverte à tout le monde par le texte même de la loi. Dans le cas de purge, au contraire, le contrat à la suite duquel intervient la surenchère est définitif. Le premier acquéreur était propriétaire incommutable ; il n'avait qu'à payer les créanciers hypothécaires, seuls armés du droit de surenchère, et personne ne pouvait critiquer son titre : les deux situations ne sont pas les mêmes.

Un argument plus sérieux a été tiré contre nous de l'art. 2188 Civ. : « L'adjudicataire est tenu, au delà de son prix d'adjudication de restituer à l'acquéreur ou au donataire dépossédé les frais et loyaux coûts de son contrat, ceux de la transcription sur les registres du conservateur, ceux de notification, et ceux faits par lui pour parvenir à la revente. »

On ne peut, dit-on, trouver la raison de cet article que dans l'idée de résolution du titre de l'acquéreur surenchéri, car il est impossible d'admettre que les frais d'un contrat d'acquisition soient supportés par un tiers étranger au contrat. Comment comprendre, si le tiers acquéreur surenchéri est considéré par la loi comme propriétaire jusqu'au jugement d'adjudication, s'il a pu constituer sur l'immeuble des hypothèques valables, s'il conserve les fruits intérimaires et le droit de toucher la portion du prix de revente excédant les créances hypothécaires, comment comprendre qu'il ne supporte pas les frais de son acquisition ?

L'objection peut, au premier abord, paraître embarrassante. Mais une analyse attentive de l'art. 2188 nous fera découvrir que l'idée de résolution est insuffisante pour rendre compte de ses dispositions.

Admettons, en effet, un instant, cette idée de résolution. L'acheteur évincé demandera la restitution de toutes les sommes indiquées par l'art. 2188 ; mais à qui s'adressera-t-il ?

D'après le droit commun, ce devrait être à son vendeur (art. 1630, 4°). Or, l'art. 2188 déroge précisément au droit commun, en décidant que le paiement de ces indemnités sera réclamé non pas au vendeur, dont l'insolvabilité est probable, mais à l'adjudicataire ; et cette dérogation aux principes ne peut pas s'expliquer davantage par l'idée de la résolution que par celle de la non-résolution de contrat.

Il faut donc en chercher ailleurs l'explication.

Observons d'abord que l'art. 2188 fait retomber implicitement la charge des frais qu'il énumère sur les créanciers hypothécaires. Les rédacteurs du Code, voulant encourager les tiers acquéreurs d'immeubles hypothéqués à procurer aux créanciers hypothécaires, par la pratique de la purge, la réalisation la plus avantageuse de leur gage, ont prescrit que les sommes par eux déboursées à cette fin leur seront remboursées, nonparlevendeur, le plus souvent insolvable, mais par l'adjudicataire ; et comme ce dernier aura eu soin de

diminuer ses offres, en prévision des frais supplé-
mentaires qu'il aura à supporter, indépendamment du montant principal des enchères, il sera
vrai de dire que le prix d'adjudication ne suffisant
presque jamais pour désintéresser tous les créanciers hypothécaires, les restitutions, de l'art. 2188
seront, en dernière analyse, supportées par ces
créanciers. Ce résultat peut très bien se justifier,
car l'aliénation en vertu de laquelle le tiers détenteur est devenu propriétaire, est le point de départ de la procédure conduisant à la réalisation
du gage hypothécaire, et on conçoit, dès lors, que
les frais de cette procédure soient pris sur la valeur de l'immeuble, c'est-à-dire au détriment des
créanciers hypothécaires.

Que si, comme il est possible, il arrivait que
tous les créanciers hypothécaires fussent désintéressés par le prix d'adjudication, et qu'il y eût
un excédant du prix sur les créances inscrites,
cet excédant devrait, dans notre système, être attribué au tiers acquéreur surenchéri. Comment
alors peut-on mettre les frais de l'acquisition à la
charge de l'adjudicataire, tandis que le tiers acquéreur en profite ? — C'est qu'en réalité l'article 2188 ne fait pas échec à cette règle d'équité
qui veut que l'acquéreur surenchéri paie les frais
d'une acquisition dont il profite. Nous avons déjà
remarqué, en effet, que le prix d'adjudication est
d'autant moins élevé que l'adjudicataire doit, en
sus de ce dernier, les frais de la première aliéna-

tion. La diminution que subit ainsi le prix retombe, en définitive, sur le tiers surenchéri, car en l'absence de l'obligation de rembourser les frais, l'excédant eût été plus fort ; c'est donc, en réalité, avec ce qui revient à l'acquéreur surenchéri que les frais sont payés, et l'équité n'est jamais blessée par les dispositions de l'article 2188, C. civ. Les créanciers hypothécaires absorbent-ils tout le prix d'adjudication ? Ils supportent les frais. — L'acquéreur surenchéri obtient-il une partie du prix ? alors, mais alors seulement, c'est lui qui les supporte.

En résumé, nous repoussons le système de la résolution, parce qu'il n'existe aucune différence rationnelle entre le cas où le tiers détenteur se trouve dépossédé par l'effet d'une surenchère du dixième, et celui où il est dépouillé de la propriété par une expropriation dirigée contre lui-même ou contre le curateur au délaissement, puisque, dans ces trois cas, l'éviction procède toujours de l'exercice du même droit hypothécaire. La raison de distinguer entre ces situations absolument identiques proposée par la Cour de cassation, repose sur des idées inexactes en droit, et aboutit à des conséquences inacceptables. Il est incontestable, en effet, que lorsque le tiers détenteur a offert aux créanciers, au moyen de la purge, la réalisation liquide de leur gage, il a suivi une procédure que la loi encourage. Comment lui refuser alors les bénéfices de droit commun que la loi

accorde même à celui qui n'a répondu à la poursuite hypothécaire que par son indifférence ou
par l'abandon de l'immeuble?

Comment, sans la plus bizarre inconséquence,
le législateur aurait-il pu vouloir, tout à la fois,
encourager la pratique de la purge par des faveurs
spéciales (art. 2188) et l'entraver par les conséquences consacrées par le système de la résolution?
— Ce serait pour encourager le zèle de l'acquéreur tenté de purger que la loi lui refuserait le bénéfice du droit commun, c'est-à-dire le droit de
conserver l'excédant du prix, de constituer des hypothèques et de garder, à titre de propriétaire, les
fruits perçus *medio tempore!* Cela est impossible,
et nous croyons que les principes et l'intention du
législateur nous autorisent à étendre à notre hypothèse, les dispositions du Code relatives aux effets de l'adjudication sur délaissement et sur saisie.

Quelques auteurs admettent, comme nous, qu'il
faut déterminer les effets du jugement d'adjudication après surenchère d'après les règles analogues
écrites dans la loi en matière de délaissement ou
d'expropriation, mais c'est pour en argumenter
contre notre système qui maintient absolument
le titre du tiers acquéreur surenchéri. Il résulte-
rait, en effet, des dispositions de l'art. 2177 qu'il
y a, tout au moins, résolution de la première aliénation dans la limite de l'intérêt des créanciers
hypothécaires.

D'après ces auteurs, les dispositions de l'article 2177 Civ. seraient contradictoires, car, si l'article 2177-2⁰ est une preuve du maintien du contrat primitif; l'art. 2177-1⁰ est la preuve de la résolution, puisqu'il dit que les servitudes et les droits réels que le tiers détenteur avait sur l'immeuble, avant sa possession, renaissent après l'adjudication faite sur lui. Cette contradiction ne peut disparaître, dit-on, qu'en admettant la résolution du contrat primitif au moins dans l'intérêt des créanciers hypothécaires.

Nous n'admettons pas ce système de résolution relative.

S'il y avait, en effet, dans le premier alinéa de l'art. 2177 une idée de résolution, elle ne pourrait pas s'expliquer par l'intérêt des créanciers hypothécaires; leur intérêt serait, au contraire, que l'extinction des droits réels et servitudes, opérée par la confusion résultant de la première aliénation, fût maintenue, car un immeuble grevé de droits réels ou de servitudes se vend moins cher qu'un immeuble libre de ces mêmes droits.

C'est en considérant le droit et non pas l'intérêt des créanciers hypothécaires que le législateur a écrit la première disposition de l'art. 2177. Ils ont, en effet, le droit de réclamer au tiers détenteur tout leur gage, mais rien que leur gage. L'aliénation consentie par leur débiteur ne doit ni leur nuire ni leur profiter. Elle leur profiterait, si le tiers détenteur leur devait rendre un gage plus considérable que celui qu'ils avaient avant l'aliénation. Or, quel était l'objet de leur gage avant l'aliénation? Un immeuble grevé de servitudes et de droits réels ; c'est ce même immeuble, dans le même état, qu'ils demanderont au tiers détenteur, sans quoi ils prétendraient, sans droit, avoir un gage plus considérable que celui qui leur appartenait avant l'aliénation.

Du reste, ainsi que nous l'avons déjà dit, les créanciers hypothécaires n'ont aucun intérêt à invoquer la résolution du contrat primitif.

S'il est vrai, en effet, que dans le système de la résolution, les hypothèques conférées par le tiers détenteur ne sont pas opposables aux créanciers hypothécaires en vertu du principe : *resoluto jure dantis resolvitur jus accipientis*, le système de la non-résolution aboutit au même résultat, car les créanciers hypothécaires, précédemment inscrits, auront un droit de priorité sur les nouvelles hypothèques constituées par le tiers détenteur.

De même, nous n'admettons pas plus que dans le système de la résolution, que le tiers détenteur ait le droit de grever l'immeuble de droits réels autres que l'hypothèque; de servitudes, par exemple.

Les adversaires prétendent que, sans l'idée de résolution, il faut admettre nécessairement la validité de ces servitudes. Non : le tiers détenteur est propriétaire dans les mêmes conditions que le propriétaire antérieur, c'est-à-dire sous la réserve des droits des créanciers hypothécaires. Or, ce propriétaire antérieur ne pouvait faire des actes de disposition nuisant aux créanciers hypothécaires ; son ayant-cause, le tiers détenteur, n'aura pas plus de droit que lui. La sauvegarde des intérêts des créanciers hypothécaires n'est donc pas, sur ce point, incompatible avec l'idée de non-résolution du contrat primitif. Ce qui le prouve bien, c'est que s'il y avait eu saisie sur le tiers détenteur, il n'eût pas été douteux que cette saisie, suivie d'adjudication, eût opéré une nouvelle transmission de propriété du saisi à l'adjudicataire, et cependant, par application des principes énoncés ci-dessus, les créanciers hypothécaires n'eussent pas tenu compte des servitudes constituées par le saisi dans l'intervalle entre son acquisition et l'adjudication.

Mais les créanciers hypothécaires n'auront-ils pas à souffrir du système du maintien du titre de l'acquéreur surenchéri, par l'obligation où ils seraient de subir l'exercice des droits de privilège qui ont pu naître sur l'immeuble du chef du tiers détenteur ?

Le rang de préférence attaché à un privilège se détermine, en effet, par d'autres principes que le rang attaché à l'hypothèque. Quand ils se trouvent en concours avec des hypothèques consenties par le tiers détenteur, les créanciers hypothécaires de l'aliénateur primitif se trouvent protégés par la règle : *prior tempore potior jure*. Mais la priorité de leur inscription ne pourra pas les protéger contre les privilèges dont le rang ne résulte plus de la date de leur inscription, mais de la faveur qui s'attache au privilège : « *privilegia non ex tempore sed ex causâ æstimantur.* » Ne va-t-il pas résulter de cette règle que les créanciers hypothécaires verront, dans notre système, leur hypothèque primée par le privilège, conformément au droit commun?

Non; car, pour que l'application de la règle que le privilège prime l'hypothèque puisse se faire littéralement, il faut que les privilèges et les hypothèques en conflit soient nés de la même personne, il faut que la question de préférence s'élève entre créanciers d'un même débiteur. Mais, si nous supposons qu'un immeuble a appartenu successivement à plusieurs propriétaires, et que, successivement, du chef de chacun de ces propriétaires, des droits de préférence aient grevé cet immeuble, nous ne serons plus en présence de droits émanant de la même personne, et il faudra faire intervenir cette idée qu'un immeuble passant à un nouveau propriétaire, les créanciers de ce nouveau propriétaire ne peuvent acquérir sur l'immeuble aucun droit préférable à ceux des créanciers, ayant acquis des privilèges ou des hypothèques du chef du propriétaire précédent.

Les créanciers hypothécaires n'ont donc rien à craindre, car le conflit ne s'élèvera pas entre eux et les créanciers privilégiés du chef du tiers détenteur.

Il est cependant un cas où ils se trouveront pri-

més par un privilège né du chef du tiers détenteur ;
c'est celui où le tiers détenteur aurait fait faire des
constructions sur l'immeuble hypothéqué. Le
constructeur, s'il se conforme, du reste, aux pres-
criptions de l'art. 2110 Civ. aura sur la plus-value
qu'il a créée un privilége, et primera les créanciers
hypothécaires. Ces derniers pourraient-ils lui contester son droit de préférence et invoquer l'article 2133 Civ., aux termes duquel l'hypothèque
s'étend aux améliorations de l'immeuble ? Assurément non, car les droits des créanciers hypothécaires ne peuvent frapper cette plus-value
que réserve faite des droits de l'entrepreneur, qui
a mis cette plus-value dans le patrimoine.

Ajoutons que le souci des intérêts bien enten-
dus des créanciers hypothécaires doit faire re-
jeter ce système de la résolution relative qui ne
leur est pas utile et peut leur être, au contraire,
préjudiciable ; car si le titre du tiers était aussi
résolu, il préférerait, sans doute, à la procédure de
purge celle du délaissement ou de l'expropriation
forcée dont les frais, plus considérables, retombe-
raient, en définitive, sur les créanciers hypothécaires.

Il nous reste à parler d'un dernier système qui
a été soutenu sur notre question par M. Mourlon.

Considérant que le système de la résolution absolue conduit à des conséquences contraires aux
principes, mais que, d'autre part, le texte de l'article 2188 condamne, selon lui, le système du

maintien, M. Mourlon a tenté, à deux reprises, de mettre d'accord les principes et le texte de la loi, en imaginant le système de la résolution facultative.

Le premier essai de conciliation est contenu dans le *Traité sur la transcription* (tome I, p. 237) : l'auteur rejette, sans hésiter, dit-il, le système de la résolution absolue ; il adopte, en principe, le système de maintien et croit trouver réponse à toutes les objections qui s'élèvent contre les deux systèmes extrêmes, en faisant intervenir l'application du principe consacré par l'art. 1184 Civ.

Le vendeur a manqué à son obligation de garantie ; cela suffit pour qu'aux termes de l'article 1184 Civ. l'acquéreur soit en droit de demander, s'il le veut, la résolution du contrat, au gré de ses intérêts et de sa volonté.

S'il prévoit que l'excédant du prix d'adjudication sur le montant des créances hypothécaires inscrites dépassera les restitutions de l'art. 2188, il optera pour le maintien de son contrat, et dans le cas contraire, pour la résolution.

On a reproché à ce système de ne pas rendre un compte suffisant de la généralité des termes de l'art. 2188, car, si la faculté de demander la résolution dans le cas où l'une des parties ne satisfait pas à son engagement, ne doit pas se restreindre aux contrats synallagmatiques, on ne peut étendre l'art. 1184 qu'aux contrats dans lesquels ce que fait ou ce à quoi s'engage l'une des parties peut être considéré comme l'équivalent de l'obligation de l'autre. Or, si nous supposons qu'il s'agisse d'une donation ou d'un legs, la formule de l'article 1184 sera trop étroite, même avec l'extension que nous lui donnons, pour expliquer l'art. 2188 Civ.

Cette critique a décidé M. Mourlon à modifier sa théorie, et, dans ses *Répétitions écrites sur le Code civil* (tome 3, n° 1700, note), il prend le système de la résolution pour point de départ de sa théorie. Mais, s'il se résigne à accepter ce principe, c'est pour y apporter aussitôt un tempérament d'équité beaucoup plus large que celui qui résulte de la sphère d'application de l'art. 1184.

Le plus souvent, dit-il, le prix d'adjudication sur surenchère suffira à peine à désintéresser les créanciers hypothécaires, et il ne restera rien pour le tiers détenteur. La loi, ne voulant pas que le tiers détenteur supporte tous les inconvénients d'un contrat dont il ne retire aucun bénéfice, a résolu ce contrat.

La loi a fait plus encore, et par faveur, elle a permis au tiers détenteur de recourir, pour les frais de ce contrat qu'elle annule, non pas contre le vendeur, mais contre l'adjudicataire. Il résulte de là que c'est par faveur que la résolution est accordée, et que par conséquent, le tiers détenteur peut renoncer à cette faveur, s'il préfère rester sous l'empire du droit commun.

Ce système est ingénieux, mais il n'est pas conforme au texte de la loi. L'art. 2188 Civ. ne laisse aucune option au tiers détenteur ; et la décision de ce texte ne comporte aucune distinction.

C'est donc une résolution absolue ou le maintien absolu du titre primitif qui doit en découler. Entre ces deux situations extrêmes, pas de milieu ; pas de place pour le système mitigé de M. Mourlon.

Nous maintenons, en conséquence, notre système dans les termes mêmes où nous l'avons présenté, c'est-à-dire que nous considérons le contrat primitif d'aliénation comme absolument maintenu dans toutes ses conséquences, et nous n'acceptons pas plus le système de la résolution absolue que les systèmes intermédiaires de la résolution relative ou de la résolution facultative.

Examinons maintenant les conséquences spéciales à notre système.

Puisqu'il y a deux aliénations, et par suite deux transmissions de propriété, l'administration de l'enregistrement pourra exiger deux droits de mutation ; l'un est dû par l'acquéreur surenchéri, l'autre par l'adjudicataire ; mais l'art. 2188 les fait supporter tous les deux par l'adjudicataire.

C'est la conséquence la plus rigoureuse de notre système, mais nous ne croyons pas pouvoir l'éviter. Quelques auteurs (M. Vernet, *Revue pratique*, XX) décident cependant, dans le système de la non-résolution, que les deux mutations n'entraînent qu'un seul droit d'enregistrement. La disposition de l'art. 2188, disent-ils, ne permet pas de reconnaître à la première aliénation le caractère de certitude indispensable pour justifier la perception de deux droits d'enregistrement. Nous ne ferons pas, quant à nous, cette dangereuse concession au système de la résolution : cette conséquence de notre système ne doit pas nous inquiéter davantage, en cas de purge qu'en cas de délaissement ou de saisie, et il faut dire qu'il y aura, dans tous ces cas, deux droits de mutation à payer.

La surenchère pourra éveiller l'attention de l'administration et lui faire soupçonner que la déclaration du prix de la première aliénation a été insuffisante. L'administration pourra alors demander une expertise à l'effet de rétablir la valeur exacte de l'immeuble, ce qui lui permettra d'exiger un double droit sur l'écart qui séparera la déclaration de l'estimation. Il est à remarquer que, si le tiers détenteur encourt ainsi la peine du double droit pour déclaration insuffisante du prix d'acquisition, il ne pourra invoquer l'article 2188 que pour se faire rembourser par l'adjudicataire le droit dû originairement, en supposant la déclaration suffisante, car la partie pénale doit rester à sa charge personnelle.

La conséquence que nous tirons de notre système au sujet de la nécessité d'acquitter deux droits de mutation est naturellement repoussée par les partisans du système de la résolution. Pour eux, il n'y a eu qu'une seule aliénation, et il n'y aura qu'un droit à payer à l'enregistrement.

Si, au moment de l'adjudication, le droit de la première aliénation n'a pas été payé, l'administration ne pourra pas l'exiger; mais, si l'acquéreur avait payé, il ne pourrait pas répéter; l'art. 60 de la loi du 22 frimaire an VII protège, en effet, l'administration contre la répétition d'un droit régulièrement perçu ; seulement le droit que le tiers détenteur a acquitté sera compté à l'adjudicataire en déduction du droit dont il est constitué débiteur par l'adjudication, sauf au tiers détenteur à réclamer ensuite à l'adjudicataire le remboursement de ce qu'il se trouve ainsi avoir payé pour lui (art. 2188 Civ.).

Ces points ne sont pas contestés dans le système de nos contradicteurs; mais il est arrivé qu'après avoir touché sur le tiers détenteur le droit simple calculé sur le prix exprimé, et sur l'adjudicataire substitué au premier acquéreur, le droit simple sur l'excédant du prix, l'administration a conclu à une expertise à l'effet de poursuivre contre le tiers détenteur un double droit encouru pour dissimulation du prix déclaré de son contrat. L'administration alléguait que la résolution, en droit, du titre du tiers détenteur n'empêchait pas la vente d'avoir existé, en fait ; ce qui suffisait pour faire supporter au tiers détenteur le double droit qui constitue la peine de sa dissimulation.

La jurisprudence de la Cour de cassation a toujours repoussé ces prétentions de l'enregistrement (Cass., 10 février 1852, 15 mars et 29 août 1854,

Sirey, 1852, 1, 250). Il est difficile, en effet, quand on admet la théorie de la résolution, de permettre à l'administration d'exiger le double droit, alors qu'elle ne pourrait pas même exiger le droit simple.

—Nous admettons, dans notre système, que dans l'intervalle compris entre la première aliénation et la transcription du jugement d'adjudication, le tiers détenteur a pu valablement hypothéquer ou aliéner l'immeuble et que des privilèges ont également pu prendre naissance de son chef, pendant ce temps, sur l'immeuble adjugé. C'est toujours la conséquence de cette même idée que le tiers détenteur reste propriétaire et que son droit n'est pas résolu.

Il y aura lieu à deux transcriptions dont chacune produira des effets différents. La transcription de la première aliénation arrêtera le cours des inscriptions des hypothèques consenties par l'aliénateur primitif soit avant soit après l'aliénation ; la transcription du jugement d'adjudication arrêtera le cours des inscriptions qui ont pu être constituées par le tiers acquéreur évincé.

Il faut admettre, par suite, que si, depuis le jugement d'adjudication, un tiers achète l'immeuble au tiers acquéreur surenchéri, et fait transcrire son acquisition avant la transcription de l'adjudication, ce tiers demeurera propriétaire. L'adjudicataire, s'il avait déjà payé son prix, serait alors subrogé légalement aux droits des créanciers hypothécaires qu'il a désintéressés, dans la nouvelle procédure de purge que devrait provoquer le nouvel acquéreur (1251-2° C. Civ.).

Si nous supposons que le tiers surenchéri a, dans les mêmes circonstances, grevé l'immeuble de droits de servitude ou de droits réels, autres que des hypothèques ou privilèges, nous avons déjà dit que nous ne considérions pas l'adjudicataire comme tenu de les respecter. L'aliénateur primitif, lui-même, n'aurait pas pu compromettre ainsi la valeur du gage de ses créanciers hypothécaires ; son ayant cause, le tiers acquéreur surenchéri, ne peut avoir, à cet égard, plus de droit que lui.

Cette solution n'est pas en contradiction avec celle que nous avons admise en validant les constitutions d'hypothèques faites par le tiers détenteur, ou en reconnaissant que des privilèges peuvent naître de son chef sur l'immeuble ; car nous avons vu, précédemment, que jamais ces hypothèques ou ces privilèges n'aboutiront à diminuer le gage hypothécaire.

Ceux qui pensent que, par l'effet de la résolution, l'aliénateur primitif reste propriétaire jusqu'à l'adjudication, décident qu'il a le droit de constituer des hypothèques jusqu'à cette époque, et même jusqu'à la transcription du jugement d'adjudication (art. 6 de la loi du 23 mars 1855).

Les partisans de la résolution concluent encore logiquement de leur point de départ que, si l'aliénateur primitif aliénait de nouveau son immeuble avant la transcription du jugement d'adjudication, le nouvel acquéreur triompherait de la revendication de l'adjudicataire, s'il justifiait qu'il a transcrit son titre avant ce dernier.

Cette conséquence du système de la résolution est, cependant, repoussée par M. Vernet (*Revue pratique*, tome XX).

L'adjudicataire, dit-il, répondrait victorieusement à l'acquéreur qui l'aurait devancé dans la formalité de la transcription : « Vous avez traité avec un propriétaire sous condition suspensive, mais la condition qui devait le rendre propriétaire rétroactivement, était précisément l'évènement qui devait, pour l'avenir, m'investir de la propriété. Il ne pouvait redevenir propriétaire que pour cesser immédiatement de l'être à mon profit. » Et M. Vernet reproche à M. Mourlon d'avoir commis une inadvertance évidente en adoptant l'opinion contraire. Loin de nous associer à ce reproche, nous croyons plutôt devoir le retourner contre M. Vernet. N'a-t-il pas admis, en effet (*loc. cit.*, page 146), que si l'on considérait le contrat primitif comme résolu, on devait dire que les hypothèques valablement consenties par l'aliénateur primitif, postérieurement à la vente, pourraient être inscrites jusqu'à la transcription du jugement d'adjudication? Or, ce résultat est impossible dans le système proposé ci-dessus, car si l'acquéreur primitif ne redevenait propriétaire que pour cesser immédiatement de l'être au profit de l'adjudicataire, il lui serait aussi impossible de constituer des hypothèques que de consentir une aliénation.

Il faut donc choisir entre ces deux solutions contradictoires, et nous croyons que, dans le système de la résolution, il faut valider à la fois la constitution d'hypothèque et l'aliénation.

Au raisonnement de l'adjudicataire, le nouvel acquéreur pourra répondre que, sans doute, l'évènement de la condition a eu cet effet d'investir l'adjudicataire de la propriété, mais d'une propriété relative, n'existant que par rapport à l'aliénateur primitif, et non opposable, avant la transcription du jugement d'adjudication, aux tiers qui ont sur l'immeuble des droits dûment conservés.

Il faut, en effet, admettre, dans le système de la résolution, soit que l'adjudication efface l'aliénation volontaire, et que l'aliénateur primitif doit être considéré comme propriétaire jusqu'à l'adjudication, soit que l'adjudication fait remonter rétroactivement au jour de l'aliénation volontaire le titre de l'adjudicataire, et que l'aliénateur primitif a été définitivement dessaisi par la transcription du premier contrat.

En d'autres termes, il faut décider que l'aliénation une fois résolue, c'est le droit de l'adjudicataire qui remonte rétroactivement au jour de l'aliénation primitive, ou que c'est, au contraire, la propriété du vendeur qui se prolonge jusqu'à l'adjudication.

Nous n'hésiterions pas, s'il fallait adopter le système de la résolution, à repousser, tout au moins, l'idée de résolution rétroactive, qui aboutit à des conséquences inacceptables (Bordeaux, — 24 avril 1845. — Dalloz, 1846. II. 50). Elle conduit, en effet, à accorder les fruits intérimaires, non pas à l'aliénateur primitif, mais à l'adjudicataire qui sera tenu, par une juste réciprocité, de payer les intérêts de son prix du jour où le tiers évincé devait les intérêts du sien. Cette théorie de la subrogation rétroactive de l'adjudicataire à tous les droits et obligations du premier contrat a été soutenue devant les tribunaux, et basée sur la combinaison des articles 2187 Civ. et 690 et 837 Proc. civ. Ce dernier article énonce que l'acte d'aliénation primitive tiendra lieu de minute d'enchères, lors de la revente après surenchère. Si donc la surenchère n'est que la substitution d'un deuxième acquéreur au premier, aux mêmes charges et conditions, avec une seule différence de prix d'un dixième, l'adjudicataire ne doit pas moins, il doit plus que l'acquéreur dont il prend la place, et l'entrée en jouissance étant la même que celle primitivement fixée, les conséquences, c'est-à-dire le droit aux fruits et l'obligation de payer les intérêts doivent être les mêmes.

La jurisprudence ne fut, tout d'abord, pas favorable à cette théorie. La Cour d'Orléans confirma en appel un jugement du tribunal de Tours du 24 janvier 1831 qui repoussait ce système, et, par arrêt du 14 août 1833, la Cour de cassation rejeta le pourvoi formé contre l'arrêt de la Cour d'Or‹ léans.

Mais, par arrêt du 1ᵉʳ juillet 1852, la Cour de Paris, abandonnant la jurisprudence qu'elle avait adoptée dans les arrêts du 15 juillet 1837 et du 3 août 1844 (Sirey, — 1838, 2, 131. 1845, 2. 563), a consacré le principe de la résolution rétroactive. (Cpr. Douai, 9 janvier 1841, — Sirey, 1847, 2, 35; 1852, 2, 350).

Les arrêts de 1837 et 1844 proclamaient cependant les véritables principes en refusant d'imposer à l'adjudicataire l'obligation de payer les intérêts d'un prix qui n'était pas encore dû. Qu'importe, en effet, que les enchères s'ouvrent sur le contrat de la première aliénation qui sert de cahier des charges? Cela fera-t-il que l'adjudicataire entre réellement en jouissance avant l'adjudication, circonstance qui pourrait seule justifier son droit aux fruits et son obligation aux intérêts avant cette époque ? La doctrine que nous combattons aggrave les charges de l'adjudication ; si plusieurs années se sont écoulées entre la vente originaire et l'adjudication, l'obligation aux intérêts rétroactifs deviendra très lourde pour l'adjudicataire qui ne trouvera pas une compensation suffisante dans la restitution incertaine et probablement litigieuse des fruits intérimaires.

Si le système des adversaires est vrai, le premier acquéreur qui a payé avant l'adjudication partie des intérêts de son prix, a déchargé d'autant l'adjudicataire qui lui doit remboursement. Pourquoi donc l'art. 2188 ne mentionne-t-il pas cette cause de recours, parmi celles qu'il impose à l'adjudicataire?

Comment dire aussi que si le tiers acquéreur a perçu des fruits avant l'adjudication, il a agi pour le compte de l'adjudicataire dont il n'est ni le mandataire ni le gérant d'affaires?

On rend un compte suffisant de l'art. 837 Pro., en disant que, dans le but évident de simplifier la procédure de la nouvelle vente d'un immeuble déjà décrit précédemment dans des notifications à fin de purge qui ont suffisamment éclairé les créanciers hypothécaires sur les clauses et conditions de l'adjudication, cet article n'a voulu dispenser que de la rédaction, désormais inutile, d'un cahier des charges. L'art. 837 Proc. a été écrit pour réglementer une procédure, et on ne peut chercher dans ses termes une raison de déroger à un principe de droit civil.

Depuis 1852, la Cour de Paris est revenue, par un arrêt du 3 juin 1868 à la doctrine des arrêts de 1837 et 1844.

Telle est, du reste, la doctrine de la plupart des arrêts qui admettent le principe de la résolution (v. Dalloz, 1863, 2, 106. Cass., 19 avril 1865. Sirey, 1865, 1, 280).

Nous refusons donc à l'adjudicataire le droit de prétendre aux fruits de l'immeuble perçus dans l'intervalle de la première aliénation et de l'adjudication. Mais à qui attribuer ces fruits?

Dans notre système, la question n'est pas douteuse: les fruits intérimaires doivent être attribués au tiers acquéreur surenchéri : il conservera à titre de propriétaire, les fruits qu'il a perçus jusqu'au jour de la sommation ou de la réquisition de mise aux enchères, sauf à tenir compte aussi des intérêts de son prix, conformément à l'article 1652 Civ.

La Cour de cassation qui repousse le principe de notre système, accepte, cependant, cette conséquence et autorise l'acquéreur évincé à conserver les fruits. (Rej., 19 avril 1865, S. 65, 1. 280. *J. Palais*, 1865, p. 661. Cpr. Bordeaux, 13 mars 1863, S., 63, 2, 151.) En cela, la Cour a méconnu, par une contradiction évidente, les conséquences nécessaires de son point de départ; car, si l'adjudication sur surenchère emporte résolution du contrat d'acquisition originaire, il faut logiquement en conclure que le tiers détenteur évincé doit la restitution de la totalité des fruits qu'il a perçus. (Lyon, 27 décembre 1858, S., 52, 2, 618.)

La Cour de cassation ne pouvant attribuer les fruits à l'acquéreur surenchéri en sa qualité de propriétaire, éprouve quelque peine à expliquer, pourquoi, malgré la résolution du contrat, elle dispense l'acquéreur surenchéri de restituer les fruits intérimaires. L'arrêt de 1865 semble faire de l'attribution des fruits une concession à la bonne foi du tiers détenteur. Mais il est difficile de considérer comme un possesseur de bonne foi un acquéreur sous condition résolutoire qui n'ignore pas l'existence de l'hypothèque, et sait très bien qu'il est menacé de l'éviction par la poursuite hypothécaire, puisqu'il provoque, lui-même, par la notification de son titre aux créanciers inscrits, la surenchère qui aboutira, dans le système adopté par la Cour, à la résolution de son titre.

En ce qui concerne l'attribution des fruits perçus *medio tempore*, la jurisprudence de la Cour de cassation n'a pas toujours été celle de l'arrêt de 1865. La Cour avait, en effet, décidé par un arrêt du 10 avril 1848 (Dalloz, 1848, 1, 160) que l'acquéreur primitif devait restituer les fruits par lui perçus *medio tempore*, et il devait les restituer, non pas à l'aliénateur primitif, mais aux créanciers inscrits.

C'était admettre le principe de la rétroactivité de la résolution en faveur des créanciers hypothécaires ou privilégiés. D'après cette doctrine, non-seulement l'aliénation ne nuisait pas aux créanciers, mais elle leur profitait. Si l'immeuble était, en effet, resté aux mains de leur débiteur, les créanciers n'auraient eu aucune prétention à élever sur les fruits. Mais le propriétaire aurait perdu ce droit aux fruits en le cédant, et il l'aurait perdu non pas au profit de son cessionnaire, mais au profit de tiers complètement étrangers à un contrat dont ils ne souffrent pas. La Cour de cassation n'a, du reste, pas persévéré longtemps dans cette jurisprudence antijuridique, et dans l'arrêt du 19 avril 1865 que nous avons déjà cité, elle revient aux véritables principes en déclarant que la jouissance du véritable propriétaire se continue tant que, par l'immobilisation, les fruits ne sont pas devenus, comme l'immeuble lui-même, le gage exclusif des créanciers hypothécaires (Sirey, 1865, 1, 280).

D'autres décisions de jurisprudence ont reconnu encore, dans le système de la résolution, le droit pour le tiers détenteur de conserver les fruits perçus *medio tempore*, par application de la maxime : *Eum sequi debent commoda quem sequuntur incommoda.* (Bordeaux, 11 juin 1845.) L'adjudicataire, dit-on, ne devient propriétaire et ne doit les intérêts de son prix que du jour de l'adjudication ; si, après la surenchère et avant l'adjudication, la chose vendue périt ou se détériore, c'est au détriment de l'acquéreur ; il est juste dès lors d'attribuer à ce dernier le bénéfice d'une situation dont il supporte les risques.

Mais cette attribution de fruits à l'acquéreur évincé, en dédommagement de sa responsabilité est tout à fait arbitraire : il est vrai que l'acquéreur répondra des détériorations de l'immeuble provenant de sa faute ou de sa négligence, mais il ne peut s'en prendre qu'à lui-même, car il avait, dans la purge des hypothèques, le moyen de prévenir ce mal qu'il a pu prévoir ; il a eu tort de différer la purge.

On ne peut donc, sans contradiction, dans le système de la résolution, attribuer les fruits intérimaires au tiers acquéreur évincé, car ils doivent nécessairement être attribués à l'aliénateur primitif, par application de l'art. 1183 Civ., d'après lequel les choses doivent être remises au même état que si la première aliénation n'eût jamais existé.

— Le jugement d'adjudication laissant, selon nous, subsister la première aliénation, il s'ensuit que l'exercice de l'action hypothécaire pourra être l'occasion de deux recours différents : l'un contre l'aliénateur primitif au profit du tiers détenteur dépouillé du bénéfice de son acquisition ; l'autre contre le tiers détenteur lui-même au profit de l'adjudicataire qui viendrait, lui aussi, à être évincé.

Ce recours de l'adjudicataire contre le tiers détenteur n'est autre qu'une application de l'obligation de garantie imposée à tout vendeur vis-à-vis de son acheteur.

Pour nier la légitimité de ce recours en garantie que nous accordons à l'adjudicataire, il faudrait, avec le système de la résolution, dire que le contrat d'aliénation primitif étant résolu, la propriété passe, sans intermédiaire, de l'aliénateur primitif à l'adjudicataire et que, par suite, garantie ne peut être due à l'adjudicataire que par cet aliénateur primitif.

La nature et l'étendue du recours du tiers détenteur évincé par la poursuite hypothécaire varient suivant les circonstances.

Le tiers détenteur peut avoir, en effet, un recours en garantie, ou un recours fondé sur l'idée de gestion d'affaires.

Ainsi, le tiers détenteur est-il acheteur ou donataire *dotis causâ?*

Il a une action en garantie contre son auteur d'après les règles de l'art. 1630 C. Civ.

Par cette action, il obtiendra toutes les prestations de l'art. 1630 qui ne sont pas comprises dans les restitutions de l'art. 2188 C. Civ., c'est-à-dire le prix et les intérêts qu'il peut avoir payés, les frais de la demande et des dommages-intérêts.

Il est possible que les hypothèques grevant l'immeuble n'existent pas du chef du vendeur ; à moins d'une clause de non-garantie, cela ne dispense pas le vendeur de garantie ; mais alors le tiers détenteur pourra, de plus, avoir une action en gestion d'affaires contre celui qui a constitué les hypothèques.

Si même les hypothèques avaient été constituées par le vendeur, une clause de non-garantie serait impuissante à le soustraire à la responsabilité d'une éviction provenant de son fait ; il y a là, en effet, un minimum de garantie dont on ne peut s'exempter (art. 1628 C. Civ.).

Bien qu'elle considère le contrat d'aliénation

primitive comme résolu, la jurisprudence a cependant admis la possibilité de ce recours en garantie
en faveur de l'acquéreur évincé contre l'aliénateur
primitif, et c'est là une nouvelle contradiction de
sa part. Si l'on admet, en effet, que l'adjudication
a un effet résolutoire ; si la vente originaire est
complètement effacée, l'acquéreur ne peut avoir une
action *ex empto*, alors qu'il n'y a pas eu *emptio*.
Ce n'est assurément pas à dire, comme l'a fait le
Tribunal civil de la Seine (19 décembre 1846) que
le tiers acquéreur évincé n'ait, dans le système de
la résolution, aucun recours à exercer, sous pré-
texte que l'éviction aurait été prévue et que le
vendeur n'aurait manqué à aucun engagement
personnel ; ce serait là une erreur manifeste ; seulement le recours qu'il exercera ne pourra être que
celui fondé sur l'art. 1383 C. Civ., ce ne sera pas
l'action en garantie que lui accorde la Cour de
cassation (Cass., 15 décembre 1862. S. 1863, 1,
7).

Le titre du tiers détenteur ne lui donne-t-il pas
droit à garantie? Est-il, par exemple, donataire ou
légataire à titre particulier? Il n'aura, dans ce cas,
que l'action de gestion d'affaires contre celui de
qui il a payé la dette.

Le recours du tiers détenteur sera garanti par
la subrogation aux droits des créanciers hypothécaires contre les débiteurs de la dette hypothécaire (art. 1251-3° C. Civ. Cpr. 874 C. Civ.).

Mais comment peut-il être question de subro-

gation, pourrait-on objecter, lorsque le tiers détenteur est dépossédé par un jugement d'adjudication? La subrogation suppose un paiement; or
le tiers détenteur n'a pas payé, puisque les créanciers hypothécaires ont refusé son prix.

On peut répondre que, s'il n'y a pas eu paiement direct et proprement dit, il n'en est pas
moins vrai que les créanciers ont été désintéressés
avec le prix d'adjudication de l'immeuble dont le
tiers détenteur était propriétaire, et il ne peut y
avoir difficulté à appliquer, dans ces circonstances, l'article 1251-3° C. Civ.

L'auteur du tiers détenteur ne sera donc à
l'abri de tout recours que s'il n'est pas obligé à
garantie, et s'il n'est pas le débiteur de la dette
hypothécaire; s'il est, par exemple, donateur et,
lui aussi, tiers détenteur ou caution réelle. Si le
donataire avait payé, il n'aurait aucun recours contre le donateur. Il faudrait également refuser tout
recours à un légataire particulier contre les héritiers ou successeurs universels auxquels le testateur n'aurait pas expressément imposé l'obligation de dégrever l'immeuble légué (art. 1020 Civ.).

On a cependant soutenu que le légataire pouvait alors invoquer le bénéfice de la subrogation
contre les héritiers ou successeurs à titre universel du testateur. Le cautionnement hypothécaire,
a-t-on dit, est une obligation, une dette, une
charge de la succession. Or, d'après l'art. 871
C. civ., le légataire à titre particulier n'est pas

tenu des dettes de la succession ; il pourra donc, s'il a payé, invoquer le bénéfice de la subrogation aux droits du créancier contre les héritiers ou successeurs à titre universel (art. 874 C. civ.). Mais la base de ce raisonnement est erronée ; le cautionnement hypothécaire est une dette, non de la succession, mais de l'immeuble. Le testateur n'était tenu que *propter rem ;* l'immeuble une fois sorti de son patrimoine, il ne peut plus être poursuivi ; et ses héritiers ne sont pas plus que lui exposés à un recours de la part du légataire évincé. (*Sic*, Bordeaux, 31 janvier 1850. S., 51. 2. 17).

Dans les cas où nous accordons au tiers détenteur un recours contre le débiteur de la dette, le prix d'adjudication servira de base au montant de ce recours, on en déduira naturellement les sommes touchées par l'acquéreur surenchéri après paiement des créances inscrites (art. 2177, $2^e$ al.), de même que celles remboursées par l'adjudicataire en vertu de l'art. 2188 ou représentant la valeur des améliorations (Troplong, IV, *Priv. et hyp.*, n° 967, Pont, n° 139 b.).

Nous ne quitterons pas la matière de la garantie sans parler d'une question qui peut faire quelque doute. Ne doit-on pas considérer les créanciers hypothécaires qui ont poursuivi la vente comme s'étant portés vendeurs, et dire, en conséquence, qu'ils sont vis-à-vis de l'adjudicataire tenus de l'obligation de garantie ? Nous ne le pensons pas (Boitard, *Proc. civ.* II, p. 369).

Les créanciers poursuivants n'ont pas, en effet, assumé la position des vendeurs : leur rôle s'est borné à mettre l'immeuble sous la main de la justice et à le faire vendre, *jure creditorum*. Il faut seulement observer que, s'il avait commis quelque faute dans la procédure, le poursuivant deviendrait responsable des conséquences de son quasi-délit (Boitard, *loc. cit.*).

Mais ces créanciers hypothécaires, bien que non soumis à l'obligation de garantie, ne doivent-ils pas restituer le prix qu'ils ont touché à l'adjudicataire évincé ? Nous croyons que l'adjudicataire a, en effet, pour répéter son prix, l'exercice de la *condictio indebiti*.

On nous objecte que les créanciers hypothécaires ne doivent rien restituer, car ils n'ont touché le prix que comme mandataires de celui qui a constitué les hypothèques. Mais il est certain que les créanciers agissent en leur propre nom, en vertu du droit de suite qui leur est propre.

Une seconde objection est que les créanciers hypothécaires n'ont touché que ce qui leur est dû, et non pas l'indû. Mais l'art. 1377 accorde la répétition lorsqu'on a payé une dette existante, mais qu'on ne devait pas soi-même. Il faut donc reconnaître que l'adjudicataire aura la répétition à exercer contre les créanciers hypothécaires, à moins que ces créanciers aient supprimé leurs titres par suite du paiement (1377, 2ᵉ al.).

— L'adjudication sur surenchère après aliénation volontaire produisant, suivant nous, des effets semblables à ceux de l'adjudication prononcée à la suite du délaissement ou de l'expropriation forcée, nous étendrons à notre cas la décision de l'art. 2177, 2ᵉ alinéa, et nous dirons que la portion du prix d'adjudication restée libre après le paiement des créanciers inscrits doit, par identité de raison, et malgré le silence de la loi, appartenir au tiers détenteur; de même qu'il lui appartient en cas d'adjudication sur délaissement ou expropriation forcée (Grenier, II, 469. Rodière, *Revue de législation*, 1835. II, Chauveau sur Carré, n° 2500, 9°; *Flandin, Transcription*, 1. 575). Pour obtenir paiement de cet excédant, le tiers détenteur surenchéri aura, en sa qualité de vendeur, toutes les garanties de droit commun, privilège, droit de rétention, de résolution, et même, en cas de non-paiement du prix, droit de poursuivre la revente de l'immeuble sur la folle-enchère de l'adjudicataire.

Les partisans du système de la résolution admettent, au contraire, que l'excédant du prix sur le montant des créances inscrites appartient au vendeur primitif ou à ses créanciers chirographaires, sans que l'acquéreur évincé puisse y prétendre aucun droit de propriété ou de préférence (Cass., 15 décembre 1862, S., 1862. 1. 57).

C'est là une des conséquences les plus difficiles à admettre du système de la résolution. Le vendeur a été, en effet, dépouillé de la propriété par un contrat pur et simple; la surenchère n'a certainement pas été introduite en sa faveur, et elle aura cependant pour résultat, dans le système de la résolution, d'offrir une prime à la mauvaise foi du vendeur. S'il arrive, en effet, que ce vendeur soit mécontent du prix d'une première vente, il pourra provoquer une surenchère de la part d'un créancier hypothécaire et arriver ainsi à bénéficier de la plus-value que l'immeuble peut avoir acquise depuis le jour de l'aliénation. Le système de la résolution présente ce danger de favoriser cette combinaison frauduleuse, en forçant de reconnaître que le vendeur, dont le premier devoir est d'empêcher l'éviction de l'acquéreur, et qui, pour ne l'avoir pas fait, est soumis, de l'aveu même de la jurisprudence, à l'obligation de garantie, pourra cependant bénéficier de l'inexécution de son obligation et enrichir ses créanciers chirographaires aux dépens de l'acquéreur.

Jusqu'ici nous avons examiné des conséquences du jugement d'adjudication sur lesquelles, entre les partisans des deux systèmes contraires, l'accord ne peut se faire qu'au détriment de la logique. Mais il y a un certain nombre de solutions que chacun des deux systèmes peut accepter, sans risquer de se mettre en contradiction avec le principe qui lui sert de point de départ.

C'est ainsi que les deux systèmes font application de l'art. 2177, 1er alinéa; mais ils en donnent des explications différentes. D'après l'un, ce serait ·la conséquence de la résolution du contrat; d'après l'autre, cet article s'expliquerait facilement, sans le secours de l'idée de résolution, par cette considération que le gage hypothécaire doit être maintenu tel qu'il était avant l'aliénation.

On s'accorde également dans l'un et l'autre système à appliquer l'art. 2175 du Code civil. De même que l'art. 2177, 1er alinéa, cet art. 2175 s'explique pour nous, indépendamment de toute idée de résolution, par cette considération que le gage hypothécaire ne doit être ni augmenté, ni diminué.

Et l'on peut conclure immédiatement de cette idée d'équité qui a inspiré l'art. 2175 C. civ., qu'indemnité sera due par les créanciers hypothécaires ou à eux, selon que l'immeuble, objet de leur gage, aura été amélioré ou détérioré par le tiers détenteur (Paul Pont, *Priv. et Hyp.*, n° 1397. Paris, 26 décembre 1873. S., 1874. 2. 20).

Si donc nous supposons que le tiers détenteur a fait sur l'immeuble hypothéqué des dépenses d'amélioration, qui ont réellement augmenté la valeur de l'immeuble, ces dépenses ont été la cause de l'élévation du prix d'adjudication et il serait injuste que les créanciers en profitassent.

Le tiers détenteur a donc le droit de se faire rembourser la plus-value résultant de ses impenses. Mais à qui doit-il s'adresser? Il semble que, même en l'absence de toute clause spéciale insérée au cahier des charges, pour trancher la question, l'art. 2175 C. civ. impose toujours cette restitution aux créanciers hypothécaires.

Un débat pourra, cependant, s'engager, à ce sujet, entre les créanciers hypothécaires et l'adjudicataire.

Les créanciers, pour se soustraire à l'obligation qui paraît bien résulter pour eux des termes de l'art. 2175 C. civ., diront que ce texte met implicitement l'obligation de rembourser les améliorations à la charge de celui qui en profite et que, dans l'espèce, le profit est pour l'adjudicataire. Il n'a, en effet, acheté l'immeuble que dans l'état où il se trouvait lors de l'aliénation volontaire (Cbn. art. 838 C. pr. civ.); il en résulte naturellement qu'il doit rembourser les améliorations, en sus du prix d'adjudication.

La question est donc de savoir si l'adjudicataire a acquis ou non l'immeuble avec les améliorations, moyennant le prix d'adjudication une fois payé.

Notre opinion est que, lorsque l'adjudication n'est prononcée ni en faveur du créancier surenchérisseur, ni en faveur d'un autre créancier inscrit, il ne faut pas, en l'absence d'une clause spéciale du cahier des charges, imposer à l'adjudicataire l'obligation de payer, outre son prix, la valeur des améliorations. Il est vraisemblable, en effet, que l'adjudicataire a entendu acheter l'immeuble, non pas dans l'état où il pouvait se trouver au moment de l'aliénation volontaire, mais dans celui où il le voyait au moment de l'adjudication.

Il est vrai que le montant de la première enchère est bien calculé sur le prix de la première vente, mais ce prix est modifié par les enchères postérieures, dont la dernière représente vraiment la valeur de l'immeuble au moment de l'adjudication.

Des auteurs et quelques arrêts ont cependant imposé à l'adjudicataire l'obligation de payer, outre son prix, la valeur des améliorations (Petit, *Traité des surenchères*, p. 584. Paris, 7 juin et 11 juin 1834, Dalloz, v° *Vente publique d'immeubles*, n° 2156. Limoges, 24 avril 1869, Dalloz, 1871, 1, 222).

Nous persistons à croire qu'en l'absence d'une clause spéciale du cahier des charges, l'adjudicataire est parfaitement en droit d'ignorer l'existence des améliorations émanant de l'acquéreur surenchéri. Il peut et doit croire que l'immeuble, en l'état où il se trouve par suite des impenses, est l'équivalent du seul prix d'adjudication. L'obliger à payer, outre ce prix, les améliorations, c'est lui faire payer deux fois sa dette et surprendre sa bonne foi.

La cour de Paris nous objecte (*loc. cit.*) que renvoyer, comme dans notre opinion, le tiers détenteur à l'ouverture de l'ordre pour se faire payer les travaux qu'il a exécutés, c'est porter préjudice aux créanciers hypothécaires, qui ont un droit irrévocablement acquis au prix produit par l'adjudication. Mais ce raisonnement n'est pas sérieux : on ne peut pas dire, en effet, que le prix d'adjudication soit dû aux créanciers hypothécaires, sans

qu'ils aient à tenir compte des améliorations, car
ils ne peuvent prétendre droit à ces améliorations
(art. 2133 C. civ.) qu'à la charge d'une indemnité
au profit de celui qui les a faites (art.2175 C. Civ.).

Devrions-nous dire, au contraire, que l'adjudicataire serait tenu de payer, outre son prix, la
valeur des améliorations, si le cahier des charges
lui en faisait une obligation?

La question doit être, sans aucun doute, résolue
affirmativement, car il serait difficile de comprendre comment l'ajudicataire pourrait se soustraire
à un engagement qu'il a librement consenti en
pleine connaissance de cause; seulement, dans ces
circonstancès, l'intérêt commun du tiers détenteur et des créanciers hypothécaires serait de faire
constater le montant des impenses et améliorations par une expertise contradictoire, préalable-
ment à l'adjudication (Cour de Paris, 10 mars
1808). Le surenchérisseur serait, dans cette expertise, l'adversaire naturel du tiers détenteur, et
l'estimation, insérée au cahier des charges, aurait
pour résultat d'éviter toute contestation ulté-
rieure, et de ramener aux enchères des amateurs
que l'obligation de payer des améliorations d'une
valeur indéterminée en aurait vraisemblablement
écartés. (Grenoble, 31 décembre 1841, Colmar,
29 décembre 1849. Bioche, v° *Surenchère*, n°ˢ 222,
223. Pont, n° 1208, Martou, tome 3, n° 1322.
Dalloz, v°ˢ *Surenchère*, n° 233, et *Priviléges*,
n° 1961.)

Cette opinion a cependant trouvé des contradicteurs. On nous objecte que l'expertise, pour qu'elle
puisse les lier, exige la mise en cause de tous les
créanciers hypothécaires, qui ne sont pas valablement représentés par le créancier surenchérisseur,
alors surtout qu'il s'agit de porter atteinte au gage
hypothécaire et de lui faire subir une diminution.

Il nous paraît, au contraire, résulter des articles 2190 C. civ. et 833 C. pr. que le créancier
surenchérisseur agit au nom de tous les créanciers. Et on ne peut pas dire qu'en figurant à
l'expertise, il diminue le gage hypothécaire. Il
n'en serait ainsi qu'en supposant, de sa part, une
collusion avec le tiers détenteur pour majorer la
plus-value résultant des améliorations : alors seulement les co-créanciers du surenchérisseur pourraient dire que le gage hypothécaire est diminué,
car, ce cas mis à part, où serait l'atteinte portée au
gage hypothécaire, puisque ce gage se compose
uniquement de l'immeuble, diminué des améliorations ?

Mais le créancier surenchérisseur ne pourrait-il
pas s'opposer à l'insertion, au cahier des charges,
de la clause mettant à la charge de l'adjudicataire
l'obligation de rembourser, outre son prix, la
valeur des améliorations, ou, tout au moins, ne
pourrait-il pas faire des réserves pour le cas où il
resterait adjudicataire, par le fait de sa surenchère ?
On sait, en effet, que le créancier surenchérisseur
dont la surenchère n'est pas couverte par une

surenchère postérieure, doit être déclaré adjudicataire, aux termes de l'article 838 du Code de
procédure.

Dans ce cas, le créancier surenchérisseur qui
demeure adjudicataire, ne pourra-t-il pas soutenir
que, malgré l'insertion faite au cahier des charges,
il n'a pas enchéri en connaissance de cause, puisque cette insertion, postérieure à la surenchère,
n'a pu l'éclairer que trop tard sur les conséquences
de cette surenchère? Au moment où il a fait sa
surenchère, le créancier surenchérisseur n'était-il
pas en droit de considérer que, moyennant le seul
prix de l'aliénation primitive, augmenté d'un
dixième, il courait la chance de rester adjudicataire définitif (art. 838 Proc. civ.), si sa surenchère n'était pas couverte ; et peut-il se trouver lié
par une clause du cahier des charges, modifiant,
*ex post facto*, les conditions de son contrat?

On a répondu que l'insertion au cahier des
charges de l'obligation de rembourser les améliorations ne constitue pas une modification des conditions du contrat; et qu'on ne peut pas dire
qu'il y ait là une augmentation du taux de la
surenchère, puisque cette obligation supplémen-
taire n'a pas le même objet que la surenchère.
Mais c'est, en vérité, une réponse bien subtile.

On ajoute que le créancier surenchérisseur ne
peut prétendre être mieux traité qu'un propriétaire, et qu'un propriétaire sur le fonds duquel
des améliorations ont été faites, de bonne foi, est

tenu de les rembourser jusqu'à concurrence de la plus-value (art. 555 C. civ.), en vertu du principe que nul ne doit s'enrichir aux dépens d'autrui. Cette réponse n'est encore pas très convaincante; car on pourrait en dire autant de l'adjudicataire qui a surenchéri, en l'absence d'une clause du cahier des charges, et, cependant, on ne lui impose pas, dans l'opinion la plus commune, l'obligation de payer les améliorations, outre son prix d'adjudication. Remarquons, du reste, que le surenchérisseur, déclaré adjudicataire, aux termes de l'art. 838, C. Pr. civ., ne conteste pas l'obligation qui résulte pour lui de l'art. 555 C. civ.; mais il prétend l'avoir remplie, en payant le prix pour lequel il reste adjudicataire.

Il y a, suivant nous, une raison plus décisive de déclarer la clause qui nous occupe obligatoire pour le créancier surenchérisseur qui reste adjudicataire : c'est qu'il est inadmissible que ce créancier n'ait pas surenchéri en connaissance de cause et qu'il ait pu être trompé par la valeur apparente de l'immeuble, au moment où il a fait sa surenchère. Il ne saurait, comme un adjudicataire étranger, se prévaloir de l'insuffisance ou de l'obscurité du cahier des charges, car lorsqu'il a accepté une hypothèque sur l'immeuble aujourd'hui adjugé, il n'a pas pu manquer de s'enquérir de la valeur, de l'état de cet immeuble; il lui était, en conséquence, facile, au moment où il surenchérissait, de s'apercevoir que des améliorations avaient été faites, d'en découvrir l'auteur et de prévoir qu'il serait obligé de les rembourser s'il demeurait adjudicataire aux termes de l'art. 838 C. pr. civ. : s'il s'est trompé sur les conséquences de sa surenchère, ce n'est que par suite d'une négligence, dont il ne peut se prendre qu'à lui-même.

Il nous faut maintenant déterminer l'étendue de la créance du tiers détenteur.

L'art. 2175 ne lui donne que le droit de réclamer les dépenses susceptibles de donner une plus-value à l'immeuble, c'est-à-dire les dépenses utiles et nécessaires, ce qui exclut les dépenses d'entretien, charge des fruits, et les dépenses voluptuaires qui ne font qu'embellir la chose, sans en augmenter la valeur. Le tiers détenteur n'aura, dans ce cas, que le droit d'enlever ce qui peut être détaché de l'immeuble sans détérioration.

Les dépenses utiles seront remboursées au tiers détenteur jusqu'à concurrence de la plus-value (art. 2175); mais des auteurs ont soutenu que le tiers détenteur a droit au remboursement intégral des dépenses nécessaires (Dalloz, *Priv.*, n° 1958, Delvincourt, 3, p. 180, note. Duranton, XX, 274. Laurent, XXXI, n° 306. Cass. Req., rejet, 11 novembre 1824. S., 1825, 1, 140. Douai, 23 mars 1842. Dalloz, 42, 2, 190.)

Cette opinion invoque l'autorité de Pothier (*Traité des hyp.*, chap. II, n°s 90 et 93). En faisant des travaux nécessaires, dit-on, le tiers détenteur s'est constitué le *negotiorum gestor* des créanciers hypothécaires, en conservant leur gage qui était destiné à périr.

L'art. 2175, d'après la Cour de cassation, en rendant le tiers détenteur responsable des dégradations provenant de sa négligence, lui fait une obligation implicite de ces réparations nécessaires qui doivent, par conséquent, être remboursées intégralement. On propose, en conséquence, d'appliquer, par analogie, les art. 862 et 1673 Civ.

Ce système n'est point le nôtre ; nous préférons dire avec M. Pont (*Priv. et Hyp.*, n° 1206), que, dans tous les cas, les dépenses ne peuvent être répétées que jusqu'à concurrence de la plus-value.

La tradition de notre ancienne jurisprudence que l'on invoque pour échapper à la généralité de l'art. 2175, manque d'autorité ; car l'opinion de Pothier se trouve en contradiction avec celle de Loyseau (*Du déguerpissement*, liv. 6, chap. 8, n° 11), et celle de Bourjon (*Droit commun de la France*, t. II, p. 646, n° 45).

D'un autre côté, on ne peut pas dire que le tiers détenteur soit, dans l'espèce, le *negotiorum gestor* des créanciers hypothécaires, car c'est son affaire, à lui, qu'il a entendu faire.

L'argument de la Cour de cassation n'est pas concluant : il n'y a pas corrélation nécessaire entre la responsabilité du tiers détenteur au point de vue des dégradations provenant de sa faute, et le

droit qu'on veut lui attribuer de réclamer l'intégralité de sa dépense.

Entre le tiers détenteur et les créanciers hypothécaires, il n'y a pas de contrat et tout doit se
régler d'après le principe que nul ne doit s'enrichir
aux dépens d'autrui.

L'art. 2175 n'a pas entendu que le tiers détenteur fût complètement indemnisé ; son but a été
uniquement, en rétablissant l'héritage dans son
état primitif, d'empêcher les créanciers hypothécaires de faire un bénéfice avec l'argent du
tiers détenteur. Or, quelle que soit la somme dé-
pensée, les créanciers ne s'enrichissent, en somme,
que de la plus-value. (Grenier, II, n° 411. Battur,
III, 490. Troplong, *Priv. et hyp.*, 838 *bis*. Martou,
n° 1320. Pont, sur l'art. 2175 Civ. Douai, 29 août
1842, Dev., 43-2, 416. Cassation, 14 avril 1852. J.
P., 52, 2, 31. Paris, 4 mars 1858. J. P., 58, p.
750.)

Que décider si la plus-value dépasse les impenses ? Le tiers détenteur aura-t-il le droit de la
réclamer ? Loyseau répondait à cette question que :
« le détenteur prend toujours ce qui est en moins »
(t. VI, chap. VIII, n°s 15 et 16).

Telle est encore, croyons-nous, la solution qu'il
faut accepter. Les rédacteurs de l'art. 2175 n'ont
pas fait de la plus-value la quotité invariable,
mais le maximum de l'indemnité à accorder au
tiers détenteur ; la simple lecture de texte suffit
à le démontrer (Grenoble, 31 décembre 1841. J.

P., 42, 2, 543. Toulouse, 7 mars 1848. Dalloz, 1848, 2, 69).

Comment dégager la plus-value? Le procédé le plus simple serait de la faire consister dans la différence entre le prix porté au contrat ou déclaré et le prix d'adjudication. Mais on s'exposerait à consacrer ainsi de fréquentes injustices; selon qu'il aurait, en effet, acheté trop bon marché ou trop cher, le tiers détenteur s'enrichirait aux dépens des créanciers hypothécaires ou serait lésé à leur profit. Le seul procédé exact consiste dans une expertise : on évaluera la valeur actuelle de l'immeuble, *deductis impensis;* on attendra l'adjudication, et la plus-value sera déterminée par la différence des deux prix. (Cass. Req., 28 novembre 1838. J. P., 38, 2, 655.)

Le tiers détenteur, créancier des créanciers hypothécaires, a-t-il quelque sûreté pour garantir sa créance?

Quelques auteurs, suivant la tradition romaine, reconnaissent au tiers détenteur le droit de rétention (Tarrible, *Rép.*, vo *Priv.* Battur, t. 2, p. 60, nos 491 et seq. Colmet de Santerre, t. 9. p. 372 Cpr. Pau, 9 août 1837. Douai, 18 mars 1840, J. P., 1840, 1, 620).

On repousse généralement ce système.

Ceux qui exigent pour le droit de rétention un texte spécial, opposent ici l'absence de texte.

D'autres, qui n'admettent le droit de rétention que si la détention se rattache à une con-

vention ou, tout au moins, à un quasi-contrat
(Aubry et Rau, t. 3, p. 114), refusent, de même, le
droit de rétention au tiers détenteur.

Enfin, ceux qui pensent qu'il y a lieu d'étendre
le droit de rétention à tous les cas où il y a *debitum cum re junctum*, se divisent encore sur notre
question. Les uns accordent, sans difficulté, le
droit de rétention ; les autres prétendent que ce
serait paralyser ou, tout au moins, entraver arbitrairement la poursuite hypothécaire, en imposant aux créanciers l'obligation préalable de
rembourser au tiers détenteur le montant de la
mieux-value résultant des impenses, en l'absence
de toute disposition formelle de la loi. (Pont,
n° 1208, Martou, III, 1322.)

Mais plusieurs auteurs ne refusent ainsi le droit
de rétention au tiers détenteur que pour lui accorder un véritable privilège (Persil, art. 2175,
n° 6. Grenier, tome II, n° 336, Troplong, t. III,
838), analogue à celui des architectes et entrepreneurs, et par extension de l'art. 2103-4°. Cette
opinion doit être rejetée sans hésitation. Il n'y a,
en effet, aucune analogie entre les deux cas. Le
tiers détenteur réclame la plus-value qu'il a créée,
non pas à titre de créancier privilégié, mais à
titre de propriétaire. Du reste, l'analogie la mieux
établie ne suffirait pas à créer un privilège, dans
une matière où tout est de droit étroit. On objecte
qu'il en était autrement dans notre ancien droit.
(Pothier, *Introd. à la Cout. d'Orléans*, tit. XX,

n° 38; *Traité des hyp.*, n° 93, Loyseau, liv. III, chap. VI, n° 7.) Mais cela tient, précisément, à ce que la liste des privilèges n'était, pas alors, comme aujourd'hui, limitativement fixée.

Faut-il donc, dans le silence de la loi, refuser de reconnaître une sûreté quelconque au tiers détenteur? C'est l'avis de M. Mourlon (*Exam. crit.*, p. 750). Le tiers détenteur fera une saisie-arrêt sur le montant du prix d'adjudication; il sera payé exclusivement sur le prix d'adjudication jusqu'à concurrence de sa créance, s'il est seul opposant, mais subira le concours possible des autres créanciers qui ont le même droit que lui. Ce système n'est satisfaisant que dans l'hypothèse où le tiers détenteur est le seul opposant; car il est équitable qu'il reçoive toujours un paiement intégral. Aussi la jurisprudence n'a-t-elle pas voulu réduire le tiers détenteur à la condition d'un simple créancier chirographaire. La plus-value créée n'a jamais été dans les biens du vendeur et n'a pu être grevée par lui d'aucun privilège ou hypothèque. Le tiers détenteur aura donc contre les créanciers hypothécaires une action *de in rem verso*, qu'il exercera en se présentant à l'ordre, et en demandant que la portion du prix correspondant à la mieux-value, soit distraite à son profit. Il pourra même faire insérer au cahier des charges, une clause aux termes de laquelle l'adjudicataire paiera, outre son prix, le montant de la plus-value. (Duranton, XX, 272. Martou, n° 1322.

Pont, n° 1208. Turin, 1er juin 1810. Bastia, 2 février 1846. Sirey, 48, 2, 10. Bourges, 3 février 1851. Sirey, 1852, 2, 425.)

On a reproché à cette jurisprudence de violer l'art. 2133 C. civ.; d'après lequel l'hypothèque s'étend aux améliorations. Nous croyons, au contraire, que la jurisprudence interprète sainement l'art. 2133. Cet article ne s'applique, à la lettre, que dans les rapports des créanciers avec leur débiteur ; mais en présence du tiers détenteur, les créanciers hypothécaires n'ont droit qu'à l'immeuble diminué des prix des augmentations créées par ce tiers détenteur. Celui d'entre eux qui trouverait, dans sa collocation, la somme représentant la plus-value, ne serait-il pas tenu de la rendre au tiers détenteur à qui elle appartient ? Dès lors, c'est aller au plus court, dit M. Pont (n° 1208), que d'autoriser le tiers détenteur à la prendre par voie de distraction ou de prélèvement.

Il est possible qu'au lieu d'avoir amélioré l'immeuble, le tiers détenteur l'ait détérioré. L'art. 2175 Civ. le soumet alors à une action en indemnité. Notre ancien droit n'admettait pas ce recours en indemnité (Loyseau, *Déguerp.*, livre V, chap. XIV, n°s 7 et sq. Pothier, *Cout. d'Orléans*, XX, 48, chap. 2 et 3), incompatible avec le principe de la clandestinité des hypothèques. L'acquéreur, ignorant les charges hypothécaires qui grevaient l'immeuble, pouvait en user librement sans devoir compte à personne de sa négligence jusqu'à ce

qu'il eût été actionné en déclaration d'hypothèque : *Qui quasi rem suam neglexit, nulli querelœ
subjectus est.*

On alla même jusqu'à étendre cette solution au
cas où·le tiers détenteur a connu l'hypothèque.
C'est que, dit Pothier (*Cout. d'Orléans,* n° 29), le
droit d'hypothèque, seul et par lui-même, s'il
n'est accompagné du droit d'exécution, ne donne
pas au créancier le droit de saisir l'héritage hypothéqué, il ne lui donne que le droit d'action
(tit. XXI, n^os 16, 17, 18). Jusqu'à la condamnation
judiciaire, l'immeuble reste menacé, sans doute,
mais libre, aux mains du tiers détenteur, qui peut
en faire ce que bon lui semble.

Il ne peut en être ainsi depuis que la publicité
des hypothèques a été introduite dans notre loi.
Le tiers détenteur connaît l'hypothèque ; il se
constitue volontairement le gardien du gage des
créanciers hypothécaires, et, l'action en déclaration d'hypothèque étant supprimée, le créancier
hypothécaire est armé directement par la loi contre le tiers détenteur obligé par le seul effet de
l'inscription et non par celui d'une condamnation
à intervenir.

Le tiers détenteur qui a détérioré l'immeuble est
donc passible d'une indemnité (2175 Civ.). Mais à
qui la doit-il ? Notre solution sur les améliorations
peut faire préjuger celle que nous donnerons à
propos des détériorations.

Si le cahier des charges ne fait aucune mention

des détériorations, il est évident, qu'en règle générale, l'adjudicataire aura calculé la valeur de
l'immeuble d'après son état au jour de l'adjudication et ne pourra, en conséquence, réclamer,
de ce chef, aucune indemnité à l'acquéreur dépossédé.

Il faut observer que le tiers détenteur ayant
ainsi détérioré l'immeuble qu'il veut purger offre,
probablement, par son prix d'achat, plus que
l'immeuble ne vaut actuellement, et rend ainsi la
surenchère extrêmement onéreuse et même impossible. Il est peu vraisemblable, en effet, qu'un
créancier inscrit consente à surenchérir d'un
dixième sur un immeuble vendu cent mille francs
et qui a subi pour vingt mille francs de détériorations; s'engageant ainsi à prendre pour cent dix
mille francs un immeuble qui n'en vaut que qua-
tre-vingt mille. Les créanciers hypothécaires auront
alors la ressource de demander à la justice que
l'action en indemnité contre le tiers détenteur soit
considérée comme un accessoire de l'immeuble, et
adjugée avec lui. Le cahier des charges devra expri-
mer alors qu'une indemnité est due par le tiers
détenteur et qu'elle reviendra à l'adjudicataire.
Alors, pourvu que le tiers détenteur soit solvable,
les créanciers pourront conserver quelque espoir
de voir une surenchère se produire. Mais l'insolvabilité du tiers détenteur constituerait irrémédia-
blement les créanciers en perte, et leur ferait subir
les conséquences de leur négligence à poursuivre

l'action hypothécaire, alors que le tiers détenteur détruisait leur gage. (*Sic*, Colmet de Santerre, tome IX, p. 453.)

Il faudrait aussi, à notre avis, accorder, même à défaut de toute clause expresse du cahier des charges, cette action en indemnité au surenchérisseur déclaré adjudicataire, car de lui on peut dire qu'il est censé avoir voulu acheter l'immeuble tel qu'il a été volontairement aliéné.

Ces principes ont été méconnus par la Cour de Douai dans deux arrêts, l'un du 9 juin 1841, l'autre du 29 avril 1846, qui attribuent la créance en indemnité à l'adjudicataire. C'est là une conséquence du principe de la rétroactivité de la résolution que nous n'acceptons pas; et nous ne serions de l'avis de la Cour de Douai que si les créanciers poursuivants avaient mis l'action en indemnité en adjudication avec l'immeuble.

Le principe que le tiers détenteur doit compte du gage hypothécaire dans son intégrité absolue, fait-il obstacle à ce que les baux passés par ce tiers détenteur soient maintenus?

Les partisans des deux systèmes de la résolution et du maintien se divisent eux-mêmes sur cette question.

Pour quelques partisans de la résolution, la vente ne transmet à l'acquéreur que les droits qui appartenaient au vendeur sur la chose vendue; c'est pour cela que l'acquéreur d'un immeuble grevé d'hypothèques est tenu de ces hypothèques, et que, s'il n'acquitte pas la dette hypothécaire, son contrat est soumis à la résolution par l'effet de la surenchère que peuvent former les créanciers inscrits. Donc, tant que l'expiration du délai de la surenchère n'a pas consolidé les droits de l'acquéreur, son droit de propriété est conditionnel et résoluble ; il n'est que dépositaire d'une chose qu'il doit remettre à l'adjudicataire dans le même état qu'il l'a reçue. Il suit de là que le bail doit être résolu comme la vente elle-même. (Tribunal de Rambouillet, 24 juillet 1840.)

D'autres sont moins rigoureux, et, tout en reconnaissant que l'acquéreur n'a sur l'immeuble qu'un droit résoluble par l'exercice de la surenchère, l'autorisent, néanmoins, à faire sur cet immeuble les actes d'administration, conformément à l'art. 1183 Civ., d'après lequel la condition résolutoire ne suspend pas l'exécution de l'obligation. (Cour de Paris, 28 janvier 1841.) Les tribunaux auraient seulement à rechercher, d'après cette jurisprudence, si le bail consenti avait le caractère d'un acte d'administration, si la durée en a été déterminée conformément à l'usage des lieux, et si le prix est dans une juste proportion avec le produit des terres louées (arg. 1673 C. Civ.).

On a pu également, même dans le système de la non-résolution du titre de l'acquéreur, argumenter contre le maintien des baux consentis par le tiers détenteur de l'intérêt des créanciers inscrits et du grave préjudice que pourraient leur causer des baux à longue durée consentis peut-être à vil prix. Le tiers détenteur n'a, en effet, qu'une liberté d'administration limitée par les droits des créanciers hypothécaires dont le gage ne peut même pas être diminué par l'établissement d'une servitude passive ni à plus forte raison par des baux dont la perspective détournerait les acheteurs et diminuerait le prix d'adjudication.

Nous croyons, néanmoins, que le bail doit, en principe, être respecté. Il n'est pas possible de refuser à un propriétaire, un droit reconnu, avec quelques restrictions, il est vrai, aux simples administrateurs (art. 1429, 1718 Civ.). La constitution d'hypothèque n'enlève pas au débiteur la jouissance et la disposition de ses biens; il peut donc les donner à bail, pourvu que le bail soit fait sans fraude; mais depuis la loi du 23 mars 1855 les baux postérieurs à la constitution d'hypothèque, ne peuvent être opposés aux créanciers hypothécaires pour plus de dix-huit ans, par conséquent le tiers détenteur ayant cause du débiteur aura les mêmes droits que son auteur.

Le jugement d'adjudication après surenchère sur aliénation volontaire, produit des effets de purge virtuelle des privilèges et des hypothèques.

Il résulte, en effet, du renvoi de l'art. 838-1° du Code de Pr. à l'art. 717 Pr., que la transcription du jugement d'adjudication purge les privilèges et hypothèques, et ne laisse subsister qu'un droit de préférence sur le prix.

Ce résultat ne saurait, évidemment, être critiqué par les créanciers inscrits du chef de l'aliénateur primitif, puisqu'ils ont été mis en demeure de surenchérir par les notifications à fin de purge qui leur ont été faites.

Mais les créanciers inscrits du chef de l'acquéreur surenchéri ne pourraient-ils pas contester, quant à eux, cet effet du jugement d'adjudication, en alléguant qu'ils n'ont pas été liés à la procédure, quoique plus intéressés que tous les autres à élever le taux des enchères? Non, leur réclamation ne serait pas recevable; d'abord les termes de l'art. 717 sont généraux; d'un autre côté, il est invraisemblable que la publicité de la procédure précédant l'adjudication ne les ait pas avertis. Leur vigilance devait, en effet, être extrême s'ils ont accepté d'un acquéreur qu'ils savaient menacé d'éviction, une hypothèque sur un immeuble dont le prix, même augmenté d'un dixième, ne doit probablement pas suffire à désintéresser les créanciers de l'aliénateur primitif.

Si nous nous en tenions au renvoi de l'art. 838-1°, à l'art. 717 Pr., il faudrait décider que la transcription du jugement d'adjudication après surenchère sur aliénation volontaire purge toutes les hypothèques, même les hypothèques légales.

Avant la loi du 21 mai 1858, la Cour de cassation décidait (arrêt solennel, affaire Baron,

22 juin 1833. S., 1833, 1,449) que l'adjudicataire sur expropriation forcée était tenu, comme l'acquéreur au cas d'aliénation volontaire, de remplir les formalités prescrites par les art. 2193 et seq. du Code civil pour purger les hypothèques légales des mineurs et femmes mariées. Le Code ayant en effet dispensé les femmes et les mineurs de la nécessité de l'inscription, il en résultait qu'ils ne recevaient aucune notification et qu'on ne pouvait, dès lors, décider que la purge de leurs hypothèques résultait d'une procédure de saisie à laquelle ils restaient absolument étrangers : c'eût été retourner contre eux la faveur que la loi voulait leur faire en les dispensant d'inscription. Mais, si la jurisprudence de la Cour de cassation était conforme à l'équité et au système du Code, elle avait l'inconvénient de multiplier les longueurs et les frais des procédures imposées à l'adjudicataire.

Le moyen de concilier tous les intérêts, repoussé en 1841, fut adopté par la loi du 21 mai 1858 (717 Pr.) : ce fut de lier les femmes mariées, les mineurs et les interdits, à une procédure qui aboutira désormais, sans injustice, à la purge de leurs droits.

Tel est le but de l'art. 692 Pr. n° 2.

Les créanciers à hypothèques légales dispensées d'inscription, dûment interpellés, et mis en demeure, pourront s'inscrire avant la transcription du jugement d'adjudication, leur hypothèque sera alors conservée comme toute hypothèque inscrite, c'est-à-dire éteinte quant au droit de suite, mais intacte au point de vue du droit de préférence à exercer sur le prix d'adjudication. S'ils ne s'inscrivent pas, l'exercice du droit de préférence ne peut plus avoir lieu que dans un bref délai, et sous les conditions déterminées par la loi (art. 717 *in fine*).

Mais l'innovation de la loi du 21 mai 1858 n'a pas été étendue à l'adjudication sur surenchère après aliénation volontaire. L'art. 838-2° Pr. décide, en effet, que cette adjudication laisse subsister les hypothèques occultes grevant l'immeuble du chef du vendeur ou des précédents propriétaires, si la purge n'en a pas été faite par l'acquéreur surenchéri.

Il suit de là que si la purge des hypothèques légales dispensées d'inscription n'a pas été pratiquée par l'acquéreur surenchéri, l'adjudicataire sur aliénation volontaire devra y procéder dans les formes requises par l'art. 2193 et sq. Civ.

Les créanciers, mis en demeure de s'inscrire, ont, pour ce faire, un délai de deux mois. S'ils ne s'inscrivent pas, le droit de suite périt, mais la loi de 1858 leur réserve leur droit de préférence, en limitant son exercice au cas où un ordre est ouvert dans les trois mois qui suivent l'expiration du délai fixé par l'art. 2195, et à l'accomplissement des conditions déterminées par l'art. 717 Pr. (Cpr. 772 Pr.)

Si, au contraire, les créanciers se sont inscrits dans le délai de deux mois, leur hypothèque est conservée au point de vue du droit de préférence et au point de vue du droit de suite.

Mais la femme, le mineur et l'interdit pourront-ils, en vertu de ce droit, former une nouvelle surenchère? Non. En effet. l'art. 710 (loi du 2 juin 1841), qui prohibe expressément une nouvelle surenchère, a précisément eu pour but d'empêcher une deuxième surenchère, de la part de la femme et du mineur, lors de la purge spéciale de leurs hypothèques non inscrites.

L'avant-dernier alinéa de notre art. 838 Pr. prohibe, dans le même sens, une seconde surenchère; et la loi de 1858, dans le dernier alinéa qu'elle ajoute à l'art. 838, ne peut avoir eu pour but de violer la règle posée dans l'alinéa précédent.

Ainsi, les adjudications sur surenchère après aliénation volontaire sont assimilées, d'une part, aux adjudications sur saisie, quant aux rapports de l'adjudicataire avec les créanciers inscrits et les anciens vendeurs de l'immeuble; d'autre part, aux aliénations volontaires quant à la purge des hypothèques légales non inscrites.

Cette distinction est illogique : puisque la surenchère du dixième et la saisie immobilière sont deux modes d'exercice du même droit hypothécaire, il eût été rationnel de leur faire produire les mêmes effets, et de décider que le jugement d'adjudication sur surenchère du dixième purgerait toutes les hypothèques. Il n'y a, en effet, aucune raison de distinguer, et il eût suffi pour arriver à faire concorder les résultats avec les principes, de relier, dans les deux cas, par le même moyen (692 Pr.), les mêmes créanciers à la procédure, que termine le jugement d'adjudication.

Le dernier alinéa de l'art. 838 Pr. ayant pour but de faire produire, autant que possible, à l'adjudication sur surenchère après aliénation volontaire, les effets du jugement d'adjudication sur saisie, il faut dire que l'adjudication de l'article 838 Pr. éteindra le droit de résolution du précédent vendeur non payé (art. 717 Pr.).

Le vendeur non payé devra donc former sa demande en résolution et la notifier au greffe avant l'adjudication, sous peine de déchéance. Mais nous croyons, quoique cela ne soit pas expressément écrit dans la loi, qu'il serait inique de porter ainsi atteinte au droit du vendeur, sans l'avoir mis en demeure d'exercer son droit de résolution par une sommation conforme à celle exigée par l'art. 692 du Code de Procédure.

# CHAPITRE II

## L'ADJUDICATION EST PRONONCÉE AU PROFIT DU TIERS ACQUÉREUR SURENCHÉRI

On est d'accord dans ce cas, pour dire que l'adjudicataire est maintenu dans sa propriété telle qu'elle résultait du contrat primitif. L'art. 2189 Civ. ne laisse aucun doute sur ce point, car il décide que l'adjudicataire *conserve* l'immeuble.

Il résulte de là que, puisqu'il n'y a qu'un transfert de propriété, une nouvelle transcription ne sera pas nécessaire, il n'y aura jamais lieu qu'à une seule transcription (art. 2189 Civ.). Ce dernier article n'avait été écrit dans le Code de 1804 que comme exception introduite, par inadvertance, à la règle abandonnée de la loi du 11 brumaire an VII, soumettant à la transcription tous les contrats et jugements opérant translation de propriété immobilière. Aujourd'hui que la loi du 23 mars 1855 a rétabli cette règle qui ne figurait pas dans notre Code, par suite d'un abandon réfléchi, selon les uns, ou d'un escamotage suivant les autres, l'exception de l'art. 2189 qui supposait la règle, doit assurément subsister.

Certains auteurs ont, cependant, soutenu que l'exception de l'art. 2189 trouverait, à la vérité, sa raison d'être dans la loi de 1855, si cette exception n'était pas abrogée implicitement par l'art. 1, n° 4, de cette même loi, qui soumet à la transcription tout jugement d'adjudication d'immeubles, autre que celui rendu sur licitation, au profit d'un cohéritier ou d'un copartageant.

C'est là une interprétation contre laquelle proteste l'esprit de la loi de 1855. Le but de cette loi a été, en effet, de rendre publics les actes translatifs de propriété immobilière. Le principe qui soumet ces actes à la transcription est écrit en tête de l'art. 1$^{er}$; les exceptions sont écrites au n° 4 du même art. 1$^{er}$, et concernent des adjudications non translatives, mais déclaratives de propriété, par application de l'art. 883 du Code civil. Pourquoi ne pas étendre l'exception là où il y a identité de motifs, c'est-à-dire au cas de l'article 2189 qui prévoit un cas où l'adjudication n'est que déclarative de propriété?

L'adjudicataire étant maintenu dans sa propriété, son titre est confirmé avec tous ses caractères primitifs. Etait-il donataire? Il reste donataire; soumis, par conséquent, à toutes les chances de rapport, réduction, révocation, auxquelles l'expose son titre primitif.

Il peut sembler contradictoire que celui qui est obligé de payer quelque chose en échange de ce qu'il a reçu, conserve la qualité de donataire; mais la contradiction n'est qu'apparente; les sommes versées par l'adjudicataire aux créanciers hypothécaires ne sont, en effet, que le prix de la libération et non de l'acquisition de l'immeuble.

Il résulte encore du principe posé que ce qui peut rester du prix d'adjudication, après désintéressement des créanciers inscrits, revient à l'adjudicataire, à l'exclusion du vendeur ou des créanciers chirographaires de ce dernier (Bordeaux, 27 février 1829. Dalloz, 1829, 2, 271).

La Cour de cassation, dans un arrêt du 27 mars 1843, a cependant admis la doctrine contraire et attribué aux créanciers chirographaires le surplus du prix; mais à tort, selon nous, car les créanciers chirographaires n'ont pas de droit de suite sur l'immeuble aliéné, et ne peuvent avoir plus de droit que leur auteur. (Pont, n° 1394. Martou, t. IV, n° 1561.)

Une conséquence logique du maintien du titre du tiers détenteur est qu'il ne pourra être perçu un nouveau droit d'enregistrement. Et cependant une jurisprudence constante (Cass., 3 juillet 1849. D., 49, 1, 252. Tribunal de la Seine, 26 novembre 1858. *Rép. périod. de l'enregistrement*, n° 1258) autorise les agents du fisc à exiger un supplément de droit sur la différence entre le prix de l'aliénation primitive et le prix d'adjudication.

Mais, en droit, nous l'avons établi, il n'y a qu'une seule mutation autorisant la perception de l'impôt.

L'administration objecte que les évènements ont démontré que l'acte primitif n'avait pas attribué à l'immeuble sa véritable valeur, qu'il y a eu dissimulation du prix d'acquisition, et que c'est sur la valeur réelle, telle qu'elle est fixée par le résultat des enchères, que le droit de mutation doit être perçu.

Nous répondrons que les lois sur l'enregistrement ne reconnaissent d'autre évaluation, pour servir de base à l'établissement d'un droit de mutation, que le prix déclaré par les parties ou déterminé par une expertise (art. 15-6°, 22 frimaire an VII). L'administration ne peut donc pas invoquer l'adjudication, qui n'est pas une expertise, comme mode de détermination du prix. Elle ne peut pas prétendre davantage que le prix d'adjudication révèle la dissimulation, puisque, comme nous l'avons déjà observé, ce prix est celui de la libération et non de l'acquisition de l'immeuble (Championnière et Rigaud, n° 2158, G. Demante, *Principes de l'Enregistrement*, t. I, 3ᵐᵉ édition, n° 210).

Toutes ces solutions supposent bien que le titre antérieur est conservé; toutefois, on ne pourrait pas dire que l'adjudicataire, étant maintenu dans son titre primitif, et restant acheteur s'il a acquis par vente, n'a droit à aucune garantie, parce qu'il n'est pas évincé. Ce serait là un véritable sophisme; l'adjudicataire peut se |dire évincé, car il n'a pas tiré du contrat le bénéfice qu'il était en droit d'en attendre; il n'a conservé la situation stipulée dans son contrat que moyennant des sacrifices qu'il n'a pas prévus et dont son auteur lui doit compte (art. 2191, C. Civ.). Il pourra donc réclamer ce qu'il a été obligé de payer aux créanciers hypothécaires, et les frais pour arriver à la purge, c'est-à-dire pour consolider son titre menacé par la faute du vendeur. Ajoutons que si l'adjudicataire était acquéreur à titre gratuit, il pourrait réclamer à titre de gestion d'affaires ce qu'il a déboursé dans l'intérêt de celui qui a constitué les hypothèques, débiteur de la dette.

Il faut appliquer ici, avec les modifications que comporte la différence des situations, les autres conséquences que nous avons reconnues au jugement d'adjudication prononcé en faveur d'un étranger.

Ainsi les fruits seront attribués de la même manière.

S'il s'agit de l'indemnité due au détenteur qui a amélioré l'immeuble, l'adjudicataire la retiendra sur le montant de son prix au lieu de la réclamer. Il fera fixer contradictoirement avec les créanciers hypothécaires le chiffre de la plus-value créée par les améliorations, et opposera ensuite, jusqu'à due concurrence, la compensation légale (Vernet, *Rev. prat.*, XX, p. 167). Il n'en serait autrement que si le cahier des charges mettait les impenses à la charge de l'adjudicataire.

Il est évident que, si au lieu d'améliorer, l'adjudicataire avait détérioré l'immeuble, il continuerait à être tenu de réparer le préjudice causé aux créanciers inscrits ; réserve faite aussi du cas où le cahier des charges attribuerait l'indemnité pour détériorations à l'adjudicataire.

L'art. 2177, 1er al., ne trouve plus d'application ici : les servitudes qui pouvaient exister au profit ou à la charge de l'immeuble originairement acheté par le tiers détenteur et un de ses biens personnels ayant été éteintes par la confusion résultant de l'acquisition primitive, le jugement d'adjudication, loin de les faire revivre, ne fait que confirmer leur extinction.

Il ne peut y avoir de doute sur la validité des servitudes, hypothèques et droits réels, en général, constitués par le tiers détenteur sur l'immeuble dont il reste adjudicataire. Le résultat de l'adjudication est, en effet, de le faire échapper à une chance d'éviction, et de consolider, avec sa propriété, les droits réels qu'il a pu constituer en sa qualité de propriétaire. (Cpr. 2125, C. Civ.)

Notre décision sur ce point est absolue, car nous n'admettons pas que le jugement d'adjudication ait pour effet de purger les hypothèques consenties par le tiers détenteur ; il ne purgera que les hypothèques consenties par les anciens propriétaires. Lorsque l'adjudicataire est un étranger, nous avons décidé, au contraire, que le jugement emporte purge virtuelle de toutes les hypothèques. L'immeuble ayant acquis sa plus haute valeur, pourquoi l'adjudicataire étranger serait-il tenu vis-à-vis des créanciers non désintéressés, de dettes qui ne sont pas les siennes? Il doit en être autrement ici, car le tiers détenteur surenchéri qui demeure adjudicataire, reste tenu de l'engagement réel qu'il a contracté en hypothéquant, et ne peut s'en dégager qu'en payant ou en se laissant exproprier.

# POSITIONS

## DROIT ROMAIN

I. — Il n'y a qu'une action Paulienne, en droit romain, et c'est une action personnelle.

II. — L'action Paulienne est antérieure à la loi *Ælia Sentia.*

III. — Le paiement d'une dette échue fait *ante missionem in possessionem,* n'est jamais attaquable par l'action Paulienne.

IV. — Les créanciers hypothécaires peuvent intenter l'action Paulienne.

V. — La constitution de dot est, au point de vue des conditions d'exercice de l'action Paulienne, un acte à titre onéreux, même au regard de la femme.

VI. — L'exercice de l'action Paulienne n'oblige pas le possesseur de mauvaise foi à restituer les fruits perçus entre l'aliénation et la *litis constestatio.*

# DROIT CIVIL

I. — L'adjudication après surenchère sur aliénation volontaire prononcée au profit d'un étranger, ne résout pas le contrat d'aliénation volontaire.

II. — Lorsque l'adjudication est prononcée au profit de l'acquéreur surenchéri, l'administration de l'enregistrement ne peut exiger un supplément de droit de mutation sur la différence entre le prix d'aliénation volontaire et le prix d'adjudication.

III. — La vente d'un immeuble déterminé, dépendant d'une succession, consentie par l'héritier apparent, n'est pas translative de propriété même au profit d'un acquéreur de bonne foi.

IV. — Le défaut de transcription d'une donation de biens susceptibles d'hypothèque peut être opposé par les héritiers du donateur.

V. — Le tiers détenteur d'un immeuble hypothéqué qui a payé la dette hypothécaire au-delà de son prix d'acquisition, ne peut invoquer le bénéfice de la subrogation contre la caution.

VI. — L'adjudication d'un immeuble du failli

prononcée à la requête du syndic ne purge pas virtuellement les privilèges et hypothèques.

## DROIT CRIMINEL

I. — Le principe du non-cumul des peines ne fait pas obstacle à ce que le condamné à mort, dont la peine a été commuée par le chef de l'Etat, puisse être poursuivi pour des crimes et délits par lui commis avant sa condamnation.

II. — Les membres d'un conseil municipal peuvent être poursuivis devant les tribunaux correctionnels à raison d'imputations diffamatoires insérées dans une délibération du conseil.

## DROIT DES GENS

I. — L'équipement, dans un port neutre, d'un navire de guerre destiné à l'un des belligérants, constitue une violation de neutralité.

II. —La loi de l'Etat auquel appartient le navire sert à fixer les formalités de publicité requises pour la translation de propriété, même quand le navire se trouve dans un pays étranger.

# HISTOIRE DU DROIT

I. — La règle *donner et retenir ne vaut* est d'origine germanique.

II. — L'origine du principe que le partage n'est pas translatif de propriété remonte à l'époque féodale.

*Vu par le Président de la thèse :*

C. BUFNOIR.

*Vu par le Doyen de la Faculté :*

CH. BEUDANT.

*Vu et permis d'imprimer :*

Le Vice-Recteur de l'Académie de Paris,

GRÉARD.

www.ingramcontent.com/pod-product-compliance
Ingram Content Group UK Ltd.
Pitfield, Milton Keynes, MK11 3LW, UK
UKHW022038070726
13613UKWH00002B/574